Große Kochkunst heute
Wild und Geflügel

Große Kochkunst heute

Wild und Geflügel

Meisterwerke von
Paul Bocuse · Albert Bouley · Alain Chapel · Lothar Eiermann · Michel Guérard · Paul Haeberlin · Emile Jung · Patrick Juveneton · Rudolf Katzenberger · Franz Keller jr. · Jaap Klosse · Henri Lévy · Jacques Manière · Anton Mosimann · Jörg und Dieter Müller · Pierre Romeyer · Armin Scherrer · Günter Scherrer · Bertold Siber · Jean und Pierre Troisgros · Eckart Witzigmann · Hans Peter Wodarz

Herausgegeben von Arne Krüger

Gräfe und Unzer

Arne Krüger,
Autorität auf allen Gebieten der Küche und Feinschmeckerei seit über 20 Jahren, ist Erfolgsautor kulinarischer Literatur und führendes Mitglied aller bedeutenden gastronomischen Vereinigungen, von denen er eine Anzahl selbst mitgegründet hat, wie die »Gastronomische Akademie Deutschlands«, den »Rastatter Kreis«, die »Sommelier-Union der Weinfachleute«; er ist Generalsekretär der angesehenen »Brillat-Savarin-Stiftung« mit ihren weitreichenden Aktivitäten. Arne Krüger ist sowohl in der Welt der Weine wie unter den berühmten Köchen bekannt und anerkannt. Er ist Mitglied der »Académie Culinaire de France«, der »Société des Cuisiniers de Paris«, des »Chefs and Cooks Cercle, London«, des »Verbandes der Köche Deutschlands«, um nur einige Verbände zu nennen. Die Fachwelt schätzt ihn als Herausgeber der Zeitschriften »Arne's Journal«, »Chef International«, »Gastronomie-Impulse« und »Feinschmecker«.

Die Fotos gestalteten Swenne und René Lauert.

Redaktion: Ulla Penzoldt
Einbandgestaltung: Constanze Reithmayr-Frank
Gesamtherstellung: Kösel, Kempten

ISBN 3-7742-3266-0

Inhalt

Schnepfe

Wildtaube

Krickente

Wildente

Flugente

Wildgans

Fasan

Taube

Huhn

Ente

Inhalt

Zum Geleit

Wie jede Kunstform soll und muß sich auch die Kochkunst ständig erneuern, um lebendig und zeitnah zu sein.
Die Intervalle der Erneuerungen mögen in der Vergangenheit in größeren Zeiträumen erfolgt sein und wurden sicher meistens durch politische Einflüsse hervorgerufen, wenn man da zum Beispiel an die französische Revolution denkt. Aber schon im letzten Jahrhundert mit seiner bis dahin ungeahnten Blüte an Kochkünstlern und ihren verschiedenen Ausdrucksformen wandelte sich die Mode häufig genug und mit ihr kamen Strömungen in die Küchen, die eben Ausdruck der veränderten Zeit waren.
In unseren Jahrzehnten sind die gesellschaftlichen Veränderungen besonders stark mit der Kochkunst verwoben.
Auf der Basis der klassischen Küche mit ihren unveränderlichen Regeln konnte die Fantasie einiger namhafter Kollegen interessante Akzente setzen; erst in kleinem Kreis, dann immer größere Kreise ziehend. Bis wir zu dem bedeutenden Durchbruch kamen, dem die zeitgenössischen Meister den Namen Nouvelle Cuisine gaben.
Und schon hat man diese Kunstrichtung wieder verlassen und steuert eine neue zukunftsorientierte Küche an, die sich vom kulinarischen Internationalismus entfernt und bewußt zu einer Küche mit heimischen frischen Rohstoffen der jeweiligen Regionen führt. Deshalb werden wir voraussichtlich in nächster Zukunft keine europäische Einheitsküche erleben. Vielleicht liegt der Grund darin, daß die Eßgewohnheiten doch stärker mit der engeren Heimat verbunden sind, mit den Lebensmitteln, die in ihr wachsen und an die sich die Menschen von klein auf gewöhnen.
Die »Académie Culinaire de France« beobachtet diese Entwicklungen sehr genau und zieht daraus ihre Schlüsse.
In jedem Fall wird das fachliche Erbe der großen Namen der letzten hundert Jahre in erneuerten Formen der Küche fortgesetzt und geehrt. Auch wenn die Gerichte allgemein leichter und zum Teil eleganter angerichtet werden; wenn die Zutaten immer mehr verfeinert werden, nicht zuletzt durch moderne Zuchtergebnisse und noch schnellere Transportmöglichkeiten; auch wenn die Mengen auf den Platten und Tellern kleiner wurden, um eine größere Abwechslung in die Speisenfolgen zu bringen; auch wenn die Rohstoffe heute schonender zubereitet werden, noch mehr naturbelassen als früher: Das Prinzip des guten Geschmacks und der Bekömmlichkeit bleibt dennoch bestehen.
Gerichte und Platten, die von unseren Gästen nicht akzeptiert werden, auch wenn man ihre Idee vielleicht anerkennt, bleiben Experiment und sind somit für die Gastronomie nicht annehmbar.
Sicher brachte der Gedankenaustausch über die Grenzen hinweg eine vorteilhafte Befruchtung aller Beteiligten. Wir freuen uns, daß so viele deutsche, schweizerische, holländische und italienische Kollegen, jüngere und erfahrene, den Rat bei unseren großen französischen Meistern suchen und deren Erfahrungen in ihren Betrieben nutzen.
Unsere Gourmet-Gäste bereisen alle Länder und werden in Zukunft durch diese neue Küchenrichtung noch mehr Abwechslung haben. Für sie wird das Reisen zu den bekannten Restaurants in den Städten und auf dem Lande noch reizvoller, wenn sie die Unterschiede der Rohstoffe und der Art der Rohstoffbehandlung erleben können.
Ich wünsche dieser Buchreihe mit den Meisterwerken unserer großen Köche in Europa besten Erfolg – bei den erfahrenen und den jüngeren Köchen und Chefs. Aber sicher werden auch mancher Amateur und manche »Cordon Bleu« angeregt, sich in diese Bände zu vertiefen und daraus zu lernen.

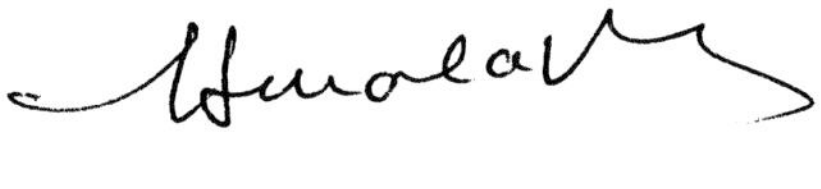

Michel Malapris
Präsident der
»Académie Culinaire de France«
in Paris

Über dieses Buch

Mit der Buchreihe »Große Kochkunst heute« wird der Versuch unternommen, ein Bild der zeitgenössischen und zukunftsorientierten Küche zu zeigen. Es handelt sich um Beispiele von Experten, die heute in Europa wegweisend für ihre Fachkollegen sind, weil sie einen bestimmten Zeitabschnitt innerhalb der Entwicklungsgeschichte der großen Kochkunst durch ihren eigenen Stil nachhaltig mitprägten.

Rückblick

Man muß sich vergegenwärtigen, wie es um die Kochkunst Europas stand, als die Neuzeit begann.

Seit dem Mittelalter hatten erst die Klöster eine Küche gepflegt, die sich über die des armen Bauernstands erhob. Sie bezog meistens ihre Naturalien aus eigenem Ackerbau und eigener Viehzucht. Die Klöster hatten auch ihren eigenen Wein. Durch eine höhere Intelligenz und Bildung sorgten sie außerdem für die Aufklärung der Bauern über eine gesunde Ernährung.

Abgelöst wurden die Klöster in ihrer entscheidenden Rolle durch die größer, mächtiger und reicher werdenden Fürstenhäuser, die sich zunehmend feineren Hofstaat leisteten, den Moderichtungen folgten oder zu folgen suchten. Dazu gehörte nicht zuletzt auch eine gehobene Kochkunst im eigenen Haus mit besseren Lebensmitteln, möglichst aus entfernteren Regionen, Gewürzen aus Übersee, gleichgültig, was dies kostete.

Dies war der Zeitpunkt, an dem sich nun der internationale Ruhm der Köche zu entwickeln begann. Sie wurden von einem Hof zum anderen ausgetauscht und »gehandelt«. Der erste wirklich berühmte Hofkoch, Marie Antoine Carême (1783–1833), wurde von Richelieu an den Zarenhof ausgeliehen, kochte gastspielweise bei anderen Fürsten. Später geschah das mit dem letzten großen Küchenfürsten, Georges Auguste Escoffier (1846–1935), der in seinen späteren Jahren nur noch die großen Hotels eröffnete, also die Gala-Dîners kochte, mit einer eigenen Equipe von kochenden Gehilfen, eigenen Gewürzvorräten und Geschirren. Escoffier entwarf auch eigene Geschirre, die noch heute hergestellt und weltweit gebraucht werden, wie die auch in diesem Buch immer wieder verwendete »Plat russe«, um nur ein Beispiel zu nennen.

Meister Escoffier wurde gefeiert, wie kaum ein Koch vor ihm. Kaiser Wilhelm nannte ihn den »Kaiser der Köche, Koch der Kaiser«. Escoffier reiste von Land zu Land, wurde herumgereicht wie ein Weltwunder, schrieb sein Lebenswerk »Guide Culinaire«, das noch heute eine Art Bibel der Köche ist.

Aber seine Küche war feudal und konnte schon den Ersten Weltkrieg nur knapp überstehen. Das heißt, nur einige wenige Grand Hotels konservierten diese Escoffier-Küche, wie auch ihre Gobelins und Stehgeiger-Kapellen, Ober im Frack, Pagen in Uniform, Türportiers mit Tressen und andere höfische Attribute.

In der Zeit des Dritten Reiches wurde diese Tradition weiter geschmälert. Nach dem Zweiten Weltkrieg versuchte man, die alte Tradition noch einmal aufleben zu lassen. Die alten Herren Küchendirektoren der Kaiserzeit waren noch im Amt oder wurden als Zuchtmeister der neuen Generation wieder herangezogen, doch dann ließ sich der alte Stil von 1870 nicht mehr am Leben erhalten. Die Tafelaufsätze verschwanden ebenso wie die pompösen Schauplatten, auf denen Gelees mit hartem Eiweiß und Trüffelscheiben zu schachbrettartigen Ziselierarbeiten verwendet wurden. Feinste Fäden aus Porreeblättern waren zu Blumen auf farbigem Saucenuntergrund geformt, Karottenscheiben kleeblattartig ausgestochen und dekoriert zu Blüten aus Tomatenschalen, Paprikaschoten und Champignonköpfen, die mit der Messerspitze spiralförmig eingeritzt wurden. Auch ich habe dieses »Tournieren« der Gemüse noch lernen müssen – oder dürfen, je nachdem. Dieser Stil – wie gesagt – verschwand nach dem Zweiten Weltkrieg.

Jedoch – Rudimente dieser Pseudokochkunst sind heute noch zu finden, besonders bei den international ausgetragenen Kochkunstwettbewerben. Noch immer geistert hier Escoffiers Schatten.

Daneben und für das tägliche Brot wird einfach gekocht. Oft einfacher, als man es sich in der Branche der weißen Zunft eingesteht. Nicht nur die Deutschen lieben Schnitzel, auch an Frankreichs Straßen werden Pommes frites angeboten, mit oder ohne Ketchup oder Mayonnaise zum Eintauchen. »Richtig essen« heißt für den »Mann auf der Straße« noch immer »essen bis zur physischen Grenze«. Selbst Chefs der feineren Küche bekommen im Kollegenkreise bei Männerausflügen glänzende Augen, wenn es deftige Eintöpfe, garnierte Sauerkrautplatten oder Winzerteller gibt.

Die neue Richtung

In diese Situation kam wie aus heiterem Himmel die Kunde einer neuen Richtung der Kochkunst aus Frankreich, die man in Ermangelung eines besseren Namens, einfach »Nouvelle Cuisine« nannte. Eine neue Küche! Die jüngeren Köche, die in avantgardistischen französischen Küchen gelernt hatten und nun zurückkamen, konnten mit unserer Traditionsküche nichts mehr anfangen. Tatsächlich stießen Welten aufeinander. Nur noch die Waren des täglichen Einkaufs entschieden über den Küchenzettel des betreffenden Tages. Gab es zu wenig, mußte eben auf entfernteren Märkten gekauft werden. Für die meisten war es Kolmar, dann Straßburg, dann Lyon und schließlich »der Bauch von Paris«, Rungis, als Mekka, das alle Wünsche befriedigte. Dieser gigantische Markt wurde von den ausländischen Köchen und Einkäufern durchforstet und heute stehen in jeder Nacht die Lastwagen dort, werden beladen und rollen in der Morgendämmerung ins Heimatland, sind mittags bei den ersten Restaurants, am Abend bei den letzten und liefern speziell zubereitete doppeltfette Sahne (Crème double), gesalzene Butter, gezüchtete Tauben und Perlhühner, Poularden und Poulets von ungeahnter Zartheit. Das gilt für Lämmer aus der Provence, von der Loire oder der Bretagne und so weiter...

Die Waren wurden nicht mehr durchgekocht, sondern nur blanchiert, Fleisch wurde saignant gebraten, Saucen wurden nicht mehr mit der Roux, blanc oder brun, gebunden, sondern mit Sahne legiert und mit kalten Butterflocken montiert, bis das reine Fett auf dem Teller stand. Kein Wunder, daß dieses den Gästen auch schmeckte. Butter hat noch keinem Gericht geschadet. Auch die Roux, mit »Mehlschwitze« übersetzt, wie vieles andere auch, eine Erfindung der französischen Küchenmeister, hatte geschmeckt, aber nun war eben doch alles anders. Die Teller waren nur noch mit kleinsten Kostproben angerichtet, nichts mehr zum Sättigen, es sei denn, man reihte einen Teller an den anderen. Die Neun-Gang-Speisenfolgen entstanden, die Menus dégustations, alles Kostproben, alle gut aufeinander abgestimmt, alle mit feinsten Dingen ausgestattet.

Das machte den Köchen Spaß. Das machte den Restaurateuren und Hoteliers Spaß, weil sich diese neuen Teller mit wenig darauf doppelt so teuer verkaufen ließen. Es waren Kunstwerke der Kochkunst. Und Kunst mußte bezahlt werden. Böse Zungen behaupten sogar, daß die Erfinder der Nouvelle Cuisine eigentlich nicht eine Tat der Nächstenliebe begehen wollten, sondern einen Weg gesucht hatten, wie man mit Anstand und über Nacht die festgefrorenen Essenspreise kräftig anheben konnte. Jetzt war die neue Kochkunst mit der alten, der Bechamelküche, nicht mehr zu vergleichen, jetzt konnte man tatsächlich einen guten Grund haben, andere Preise auf die Speisenkarte zu setzen.

Das war alles erst in den 70er Jahren. Hundert Jahre, nachdem Escoffier seine eigene bescheidene Revolution gestartet hatte.

Ex occidente lux – müßte man sagen, wenn man diese Geschichte weitererzählt. Denn auch aus Frankreich kam die Ernüchterung. Die großen Köche mit leuchtenden Namen, die bekannten Meister widerriefen ihre Kunst. Sie stellten die Weichen erneut und proklamierten die Küche der Region, der Hausfrau.

Bei der schnellen Reisegeschäftigkeit vieler Gourmets, die heute in Collonges-sur-Mont d'Or, gestern in Illhaeusern, morgen in Berlin und übermorgen in Wertheim-Bettingen speisen, wurde diese Kunde rasch bekannt, was zur Auslösung dieses Retour-à-la-nature-Effektes beitrug.

Klassische Relikte

Noch immer aber gibt es auch, wie Felsen in der Brandung, die großen Restaurants der Sonderklasse in allen Metropolen der Welt, auch in Paris, die heute klassisch kochen, die eine Cuisine Classique für die einzig machbare Küche halten. Und diese Gourmettempel sind mittags und abends ausverkauft. Hier weiß der Gast, was ihn erwartet. Meistens etwas sehr Gutes, dazu ein großer Weinkeller, der keine Wünsche offen läßt. Denkt man ans Ledoyen von Gilbert Lejeune an den Champs-Elysées, ans Taillevent des Herren Vrinat, so könnte man an jeder Vorwärtsentwicklung der Grande Cuisine verzweifeln. Es schmeckt köstlich, alle Erwartungen werden erfüllt, die Menschen sind dort glücklich, aber es sind keine intellektuellen Esser, keine kulinarischen Missionare, sondern barocke Menschen, junge und ältere, die Kochkunst lieben. Und wie steht es um die Rezeptsammlungen? Hier scheint alles schon dagewesen. Kochbücher mit 3000 Rezepten sind keine Ausnahme,

180 Kartoffelzubereitungen nennt allein der »Hering« (Richard Hering, »Lexikon der Küche«), das noch immer allgegenwärtige Nachschlagewerk aller Köche. Die Händler bieten jedes Gemüse, jegliche Frucht der Welt an und das fast das ganze Jahr über. Die Gäste kennen beinahe sämtliche namhaften Restaurants in Europa, man unterhält sich in gastronomisch gebildeten Kreisen nur noch über Nuancen dieser oder jener Handschrift eines Meisters.

Die Küche von morgen

In diesem Buch soll nun der Weg aufgezeigt werden, auf dem sich die Kochkunst in den nächsten Jahrzehnten entwickeln kann, denn sie ist ja nicht nur ein elitärer Zeitvertreib, sondern sie liefert das Rückgrat des Gaststättengewerbes in Restaurants und Hotels. Daher dient dieses Buch weder den Image-Erfolgen einzelner Kochkünstler, noch sollen kurzlebige Modetrends dokumentiert werden. Das Werk wurde so angelegt, daß es über die Landesgrenzen der Autorenheimat hinausreicht. Die Rezepte wurden vom Herausgeber schon im Hinblick auf Aspekte der Küche von morgen ausgewählt und jeweils kommentiert.

Die Küche der nächsten Jahrzehnte wird weitere Reformen der Anrichteweise, der Mengenverhältnisse und des Frischeprinzips bringen. Aus dem Zusammenklang neuer Einflüsse mit dem Zurückgreifen auf die bodenständige Küche neuer Prägung wird die Kochkunst bestehen bleiben, die das Publikum goutiert. Dieses Buch beschreibt den neuen Weg einer neuen Küche in Europa.

Die Absicht des Herausgebers

Die Autoren verteilen sich auf die Länder Frankreich, Belgien, England, die Niederlande und Deutschland, wobei nur der Standort der Herren gemeint ist, denn natürlich wurden auch französische Chefs in Deutschland und beispielsweise ein Schweizer in England einbezogen. Es handelt sich um die Elite derjenigen Köche, deren Arbeiten von den Kollegen stark beachtet werden.

Der Herausgeber hat mit den Autoren meistens längere Fachgespräche geführt, hat die Auswahl an Rohstoffen und Verarbeitungstechniken bewertet und die betreffenden Gerichte in einen feinschmeckerischen Zusammenhang gebracht. Dabei hat er darauf geachtet, die Handschrift der Kochkünstler beizubehalten, denn jede stilistische Nivellierung wäre dem Werk abträglich. Die zitierten Rezepte sind – natürlich – das Eigentum der Autoren. Sie sind in der international üblichen knappen Fachsprache formuliert.

Zur Erleichterung der Definitionen, insbesondere für Leser aus dem Amateurbereich, hat der Herausgeber ein »Glossar« angefügt. Gleichzeitig werden damit auch seltenere Rohstoffe und spezielle Ausdrücke der modernen Küche erläutert.

Immerwiederkehrende Erklärungen wurden zum Teil verkürzt, der Gebrauch einer Pfeffermühle nicht immer wieder neu aufgeführt, wobei jeder Chef sowieso seinen eigenen Weg geht. Eingebürgert hat sich die Füllung von einem Drittel schwarzem und zwei Drittel weißem Pfeffer, wobei manche Chefs auch noch etwas trockenen grünen Pfeffer zufügen. In den Zutatentexten sind auch keine Mengenangaben für die Grundgewürze, Pfeffer und Salz, angegeben, weil diese den Text zu sehr in die Nähe der Laienliteratur bringen würden.

Die farbigen Abbildungen wurden im Sinne einer Authentizität nicht im Atelier eines Fotografen nachvollzogen, sondern in den Restaurants der Autoren, in Paris, Straßburg, London, Hamburg, Bettingen, Ravensburg und Wiesbaden exklusiv für dieses Buch fotografiert. Man sieht die Gerichte so, wie sie dort frisch aus der Küche kommen und den Gästen serviert werden. Diese Gerichte wurden von den Autoren selbst hergestellt.

So ist ein Gemeinschaftswerk entstanden, das der Herausgeber in einem zukunftsorientierten Sinn zusammengefügt hat. Seine Anmerkungen sollen den großen Zusammenhang aufzeigen, und sie geben auch einige kritische Bewertungen der Zutaten, Verarbeitung und des Anrichtestils.

Das Buch ist also auch, zusammen mit den Illustrationen, eine kulinarische Stilkunde für den Leser, der sich um eine zukunftsgerichtete Küche bemüht. Dabei sollen Einflüsse der landesgebundenen oder sogar regionalen Küche nicht verschwiegen oder nivelliert werden. Auch Paul Bocuse und Emile Jung steuerten dieser Rezeptsammlung heimatliche Gerichte bei.

Arne Krüger, Hochheim

Die Autoren

Paul Bocuse, Jahrgang 1926. Der weltweit bekannte Mann wird wohl als einer der Erneuerer in die gastronomische Kulturgeschichte eingehen. Nicht nur in Europa, sondern auch in Amerika und Japan werden Restaurants von ihm geleitet. Er hat einen eher gediegenen bis behäbigen Stil gefunden.

Albert Bouley, Jahrgang 1950. Der Junior im elterlichen Hotel in Ravensburg ist ein grübelnder Koch, ein Mann mit einer Leidenschaft für die Gastronomie. Von den alljährlichen Reisen in die Gourmethochburgen Frankreichs kommen für den jungen Wirt die Anregungen, die er in die eigene Handschrift umsetzt.

Alain Chapel, Jahrgang 1938. Er ist der Besitzer eines Restaurants in Mionnay, nahe Lyon. Mit Bocuse und den Troisgrosbrüdern gehört er zum Dreigestirn um Lyon. Unter seinen Kollegen gilt Chapel als etwas eigenwilliger Vordenker der zeitgenössischen Kochkunst, und er ist wohl der eifrigste Experimentator der Nouvelle Cuisine.

Lothar Eiermann, Jahrgang 1945. Er stammt von der badisch-schweizerischen Grenze. »Schon nach 6 Monaten Lehrzeit wollte ich nichts sein als Koch« sagt er von sich. Nach verschiedenen Stationen in berühmten Hotels leitet er heute das vielgerühmte Waldhotel »Schloß Friedrichsruhe« in Öhringen. Er gilt als einer der führenden Denker in Deutschlands Kochbezirken.

Michel Guérard, Jahrgang 1933. Der größte Erneuerer der französischen Küche begann im traditionsreichen »De Crillon« in Paris. Der Umsturz kam im »Camélia« in Bougival, seine Ideen aber konnte Guérard erst im eigenen Pariser Restaurant »Pot au Feu« verwirklichen. Im eleganten »Eugénie-les-Bains« in den Landes offeriert er jetzt eine Küche fürs Abmagern und eine fürs Genießen.

Paul Haeberlin, Jahrgang 1923. Er gilt bereits als Sinnbild einer großen Tradition, die von seinem Sohn Marc fortgesetzt wird. Im eigenen Restaurant in Illhaeusern arbeitet Haeberlin gemeinsam mit dem Bruder Jean Pierre; das Haus ist täglich mehrfach ausgebucht. Paul Haeberlins Küche ist ein ideales Bindeglied zwischen der klassischen und der modernen Form.

Emile Jung, Jahrgang 1938. Der kochende Wirt in seinem Straßburger Restaurant »Crocodile« gehört zur Elite der ostfranzösischen Kochkünstler. Seine Fisch- und Wildgerichte sind berühmt, und seine Küche gibt sich dort reich, wo sie es sein soll, sonst sparsam. Alles Gekünstelte, alle kulinarischen Tricks sind Emile Jung fremd. Seine Frau ist die Seele des Restaurants.

Patrick Juveneton, Jahrgang 1951. Er ist der jüngste Küchenchef in der Reihe der in diesem Buch versammelten Meister, und er ist wohl noch am wenigsten bekannt. Die Familie Lacombe in Lyon entdeckte Juvenetons Talent; sie holte ihn in ihr renommiertes Haus »Léon de Lyon«. Heute ist Juveneton Küchenchef des Restaurants »Le Manoir« in der Rue de l'Eglise im Pariser Villenvorort Neuilly.

Rudolf Katzenberger, Jahrgang 1912. Sein »Adler« in Rastatt gehört zum Mittelpunkt der deutschen Kochkunst. Katzenbergers Küche ist alemannisch, grundsätzlich einfach, aber zugleich erfahren manche Gerichte eine fast raffinierte Behandlung, um seinen Ansprüchen zu genügen. Katzenberger ist Präsident der »Brillat-Savarin-Stiftung« und der geistige Führer der »Vereinigung deutscher Küchenchefs«.

Franz Keller jr., Jahrgang 1950. Er ist heute Mitbesitzer des Kölner Restaurants »Lüders Bar und Kellers Restaurant«. Die erste Prägung erfuhr er im elterlichen Betrieb, dem renommierten Haus »Schwarzer Adler« in Oberbergen. Sein Lehrmeister war dann Hans Beck in Freiburg. Anschließend ging er sofort nach Frankreich, wo unter anderen Paul Bocuse und Michel Guérard bestimmend wirkten.

Jaap Klosse, Jahrgang 1930. Er ist Holländer und besitzt das Restaurant »De Echoput« in Apeldoorn unweit Den Haag. Seine hervorragenden Leistungen brachten ihm die Mitgliedschaft in der »Académie des Cinquantes« und die Präsidentschaft in der »Alliance Gastronomique«. Sein Restaurant gehört zur noblen Gruppe der »Relais Gourmand«.

Henri Lévy, Jahrgang 1933. Er besitzt mit seiner Partnerin, Frau Margarethe Rahn, das Restaurant »Maître« in Berlin. Die ersten sieben Jahre arbeitete er wie ein

Pionier für den guten Geschmack. Von seinen französischen Landsleuten wurde er allerdings immer schon verehrt, und er galt als Geheimtip. Seine Küche gehört heute unbestritten zu den besten Küchen Europas.

Jacques Manière, Jahrgang 1923. Er hat erst in späteren Jahren, nach dem Krieg, zu seinem Beruf gefunden. 1946 gründete er in Perigord eine Konservenfabrik. 1954 gab er diesen Plan auf und entschloß sich, Koch und Restaurateur zu werden. 1958 war er bereits Chef bei »Dreher« am Chatelet. Heute ist er Besitzer des Pariser Austern-Restaurants »Dodin Bouffant«.

Anton Mosimann, Jahrgang 1947. Er ist Leitender Küchenchef der Küchen im »The Dorchester« in London, einem der berühmtesten Hotels der Welt. Mosimann ist Schweizer von Geburt wie sein Vorgänger, der schon legendäre Eugène Kaufeler. Es ist erstaunlich, wie Mosimann neben den vielfältigen organisatorischen Aufgaben noch Zeit für die hohe Kochkunst hat.

Jörg und Dieter Müller, Jahrgänge 1947 und 1949. Beide sind seit vielen Jahren gemeinsam Küchenchefs in den »Schweizer Stuben« in Bettingen-Wertheim, einem der feinsten europäischen Restaurants. Der ältere Jörg setzte die Meilensteine auch für seinen Bruder Dieter, indem er ihn jeweils in die erlesenen Hotels nachzog, in denen er seine Meisterschaft erwarb.

Pierre Romeyer, Jahrgang 1930. Im eßlustigen Belgien gilt er als einer der Besten seines Landes, und sein Ruhm ist weiter verbreitet als der seiner meisten Landsleute. Sein Restaurant in Hoeilaart an der Chaussee de Groenendaal gilt seit Jahren als Gourmet-Treff von hohem Rang. Romeyer ist ein gutmütiger Wirt und Koch in einer guten Küche nach klassischem Vorbild.

Armin Scherrer, Jahrgang 1938. Er ist Besitzer des Landhauses an der feinen Hamburger Elbchaussee, das von ihm gebaut und erweitert, heute als einer der Gourmet-Zentren des europäischen Nordens gilt. Dabei ist Armin, ein Vetter des Günter Scherrer, ein bescheidener Mann geblieben, der sich immer noch mit seinen Köchen fachlich auseinandersetzt und gerne seine Gäste selbst empfängt und berät.

Günter Scherrer, Jahrgang 1941. Wie sein Vetter Armin in Hamburg ist er Mülheimer. Heute wirkt er als hochdekorierter Küchenchef im »Hilton Hotel« in Düsseldorf. Durch seine Leistung wurde es zum gastronomischen Flaggschiff der Gruppe. Seine Küche ist gut von den neuen Strömungen beeinflußt, ohne von ihnen bedrängt zu werden.

Bertold Siber, Jahrgang 1943. In seinem Konstanzer Restaurant »St. Stefanskeller« erleidet er die Einflüsse der eidgenössischen Küche keineswegs, sondern er akzeptiert sie. Viele Gerichte entwirft er auch mit seiner eigenen Handschrift und hat dafür seine Gemeinde. Er gehört zur Gilde der jungen süddeutschen Köche, die den guten Ruf der Küche dort weiterbringen.

Jean und Pierre Troisgros, Jahrgänge 1926 und 1928. Seit 1930 ist das Hotel am Bahnhof von Roanne im Besitz der Eltern Troisgros. Es hieß damals »Hotel Moderne«, aber modern und berühmt wurde es erst unter der Leitung der beiden Brüder. Heute gehört dieses Haus zu den gastronomischen Sehenswürdigkeiten dieser Welt. Die beiden Brüder arbeiten nebeneinander, keiner will den andern übertrumpfen.

Eckart Witzigmann, Jahrgang 1941. Im Hotel »Straubinger Hof« erhielt er bei Chef Scheibenflug die ersten Prägungen als Koch. Heute gehört er zur Weltelite. Als Chef im neuerbauten »Tantris« in München gelang ihm der große Durchbruch mit eigenen Ideen. Heute ist er Mitbesitzer in der Münchner »Aubergine«.

Hans Peter Wodarz, Jahrgang 1948. Er wirkt als gescheiter Koch und kochender Wirt in seinem Restaurant »Ente vom Lehel« innerhalb des Wiesbadener Hotels »Nassauer Hof«. Besonders werden seine Ideen bewundert, die zu neuen Gerichten führen. Er hat auch ein Delikatessengeschäft und ein kleines Tagesrestaurant daneben, ständig überfüllt.

Filet von Hasenrücken mit Broccolimus in Blätterteig

Filet de râble de lièvre à la crème de broccoli, en feuilletage

Dieses Gericht wäre auch ohne Blätterteig denkbar, denn es kommt hier vor allem auf die Zubereitung des Hasens an, die den traditionellen Vorstellungen entspricht.

Zutaten für 4 Portionen:

2 große volle Hasenrücken
3 getrocknete Wacholderbeeren
Salz
Schwarzer Pfeffer
6 Eßlöffel Olivenöl
1 Möhre
½ Porreestange (Lauchstange)
1 mittlere Zwiebel
½ l Rotwein

Für die Broccoli:

750 g Broccoli
Salz
150 g Kalbsbrät
¼ l Crème fraîche
Schwarzer Pfeffer
1 Messerspitze Muskat
½ Teelöffel Glutamat

Ferner:

500 g Blätterteig

Für die Morcheln:

100 g aufgequollene Morcheln
2 Schalotten
50 g Butter
4 Teelöffel Glace de viande
¼ l Crème double
4 Eßlöffel geschnittener Schnittlauch

Vorbereitungen:
Die Hasenrücken auslösen und in etwa 10–12 cm lange Stücke schneiden, von allen Seiten parieren. Die Wacholderbeeren zerstoßen oder in der Pfeffermühle mahlen und die Filets damit sowie mit Salz und schwarzem Pfeffer einreiben. 30 Minuten liegen lassen. Nun die Filets in einer Pfanne in der einen Hälfte des Olivenöls scharf anbraten, und zwar etwa 2 Minuten. Dann die Filets herausnehmen und in den Kühlschrank legen, damit sie nicht nachziehen können. Die Knochen zerschlagen und in der gleichen Pfanne in der anderen Hälfte des Olivenöls angehen lassen. Nach 3 Minuten kommen das geputzte und grobgeschnittene Röstgemüse (Möhre, Porree, Zwiebel) dazu, nach weiteren 5 Minuten unter ständigem Bewegen der Rotwein. Nun 40 Minuten kochen lassen, dann abseihen und auf die halbe Menge reduzieren. Knochen und Gemüse danach fortwerfen.
Die Broccoli waschen, in gesalzenem Wasser 4 Minuten blanchieren, sorgfältig ausdrücken, dann durch die feine Scheibe des Fleischwolfes drehen, in einer Schale mit dem Brät, der Crème fraîche, Pfeffer, Muskat und dem Glutamat würzen und mischen, im Elektromixer 4 Minuten pürieren, so daß eine streichfähige Crème entsteht. Die Filets aus dem Kühlschrank nehmen und mit dieser Crème einstreichen und vollständig darin einhüllen. Dann sofort im Tiefkühler 20 Minuten lang anfrosten lassen.

Zubereitung:
Den Blätterteig auf einem bemehlten Brett dünn ausrollen und wie zu Filet à la Wellington die Filets aneinandergelegt einpacken. Mehrfach umwickeln und mit dem Schluß nach unten auf ein Backofenblech legen. Die Backzeit beträgt bei vorgeheiztem Ofen von 200° C 12 Minuten.
Die Morcheln waschen und abtropfen lassen. Die Schalotten pellen und in feinste Würfel schneiden. In einem Kasserol diese Schalottenwürfel mit der Butter goldgelb angehen lassen, die Morcheln darauflegen, die Glace de viande mit der Crème double mischen und die Morcheln damit unterheben. Solange erhitzen, bis sich die Sauce zu einer sämigen Konsistenz verdickt hat und sie nappierfähig ist. Die Filets auf vorgewärmten Tellern anrichten, den Schnittlauch über das Gericht streuen. Die Sauce à part dazu reichen oder aber die Sauce als Spiegel auf die Teller gießen und die Filets darauf legen.

Beilage: Kleiner Salat
Wein: Côte Rôtie

ARMIN SCHERRER

Geschnetzelte Wildhasenfilets mit Champignons auf Kräuterpfannküchlen

Émincé de lièvre aux champignons sur crêpes aux fines herbes

Hier gelang Rudolf Katzenberger eine so natürliche Verbindung wichtiger Rohstoffe und Stilelemente der badischen Heimatküche, daß es fast so scheint, als sei dieses Gericht in seiner schlichten Form ein seit Jahrhunderten bewährter fester Bestandteil in Badens Küchen. Das Hasenfleisch braucht nicht abgehangen zu sein, im Gegenteil, es kann frisches Wildfleisch sein, gemischt sogar mit anderen Wildsorten, wie Reh, Hirschkalb oder gar Fasan.

Zutaten für 4 Portionen:

2 Hasenfilets (ein ganzer Rücken)
4 Eßlöffel Olivenöl
1 Eßlöffel Wildgewürz
8 Champignonköpfe
2 Stück Schalottenlauch (Hülsen)

Für die Pfannkuchen:

100 g Mehl
1/8 l Milch
Salz
3 Eßlöffel gehackte Gartenkräuter
3 Eier
100 g Butter

Ferner:

100 g Butter
1 Eßlöffel Madeira
3 Eßlöffel Demiglace vom Wild
1/4 l Crème fraîche

Vorbereitungen:
Die Hasenrücken auslösen, am besten die unteren kleinen Filets dazunehmen, gründlich parieren. Dann in gleichmäßige feine Streifen schneiden. In einer Schale mit dem Öl und dem Wildgewürz vermischen und 30 Minuten marinieren.
Die Champignons putzen und roh in Streifen schneiden. Die Lauchhülsen in Scheiben, das heißt kleine Ringe, schneiden. Getrennt aufheben.
Den Teig für die Pfannkuchen bereiten, also Mehl sieben, mit 1/8 l Milch anrühren, Salz und Kräuter zugeben, dann die Eier einrühren. Den Teig mindestens 30 Minuten ruhen lassen.

Zubereitung:
In einer Pfanne die Hälfte der Butter zerlassen, 4 gleichmäßige Pfannkuchen backen, die im Durchmesser nicht größer als die später benutzten Mittelteller sind. Nicht braun werden lassen. Warm halten.
Dann mit der anderen Hälfte der Butter den Schalottenlauch und die Champignons angehen lassen, sofort die Hasenfilets dazugeben und durchschwenken, nach 10–12 Sekunden mit Madeira und Demiglace löschen und in gleichen Portionen auf je einen, auf einem vorgewärmten Teller liegenden Kräuterpfannkuchen verteilen. In jede Mitte einen kalten Klecks Crème fraîche setzen.

Beilagen: Frische sautierte Steinpilzköpfe, Kleiner Salat
Wein: Ortenauer Ruländer

RUDOLF KATZENBERGER

Geschnetzeltes Wildkaninchenfilet mit rosa Pfeffer in Sauternes-Sauce

Émincé de lapin au poivre rose, sauce au Sauternes

Das Fleisch des Wildkaninchens wurde eigentlich erst in den letzten Jahren von den Köchen ins Repertoire übernommen und auf verschiedenartige Weise dargeboten. Die klassischen Rezeptbücher widmen diesem Rohstoff allenfalls ein paar nebensächliche Zeilen, wenn sie ihn überhaupt erwähnen. Das Wildkaninchenfleisch muß sachgemäß und schonend behandelt werden, ist dann aber eine vielseitig verwendbare Delikatesse. Die sahnigen, milden Zutaten dieses Rezeptes harmonieren gut mit dem besonderen Geschmack des Wildkaninchenfleisches.

Zutaten für 4 Portionen:

3 Wildkaninchen
Salz
2 Teelöffel edelsüßes Paprikapulver
Weißer Pfeffer
2 cl Olivenöl
100 g Butter
½ l Geflügelfond
½ l Crème double
5 cl trockener Weißwein
3 cl Sauternes-Weißwein
200 g frische Steinpilze
40 g rosa Pfefferkörner

Vorbereitungen:
Die Wildkaninchen ausnehmen, häuten, die Rücken auslösen, von allen Sehnen parieren, an den Enden kurzschneiden, dann als Émincé in nicht zu dünne Scheiben schneiden und gleich mit Salz, Paprika und weißem Pfeffer einreiben.
In einer flachen Pfanne das Olivenöl mit der Hälfte der Butter erhitzen, das Kaninchenfleisch darin locker rösten und ständig wenden, damit die Scheiben nicht aneinander kleben. Nur kurz anbraten, damit die Scheiben prall bleiben. Das Olivenöl in eine Schale abgießen, das Fleisch in eine andere Schale legen.

Zubereitung:
Den Geflügelfond in einem Kasserol so stark reduzieren, daß nur noch ein dünner Film auf dem Boden des Topfes bleibt. Also bis zur Glace einkochen. Dann mit der Crème double auffüllen, den Weißwein zugießen und reduzieren, bis eine leichte Sämigkeit erreicht wurde. Das geschnetzelte Wildkaninchenfleisch jetzt in die Sauce mischen, das Kasserol sofort vom Herd nehmen und die andere Hälfte der Butter mit hineingeben. Die Steinpilze putzen und in dicke Scheiben oder Viertel schneiden. Die Schalotte pellen und würfeln, in der Pfanne, in der bereits vorher das Kaninchenfleisch geröstet wurde, kurz anbraten und in das Geschnetzelte einrühren. Den Bratensatz mit dem Sauternes-Wein löschen und ebenfalls in die Sauce rühren. Warm halten, aber nicht kochen lassen. Vor dem Anrichten die Sauce noch etwas aufwärmen, dann die rosa Pfefferkörner, nachdem die Aufgußflüssigkeit abgegossen wurde, in die Sauce mischen. Den Geschmack mit Salz und Pfeffer korrigieren und das Gericht auf vorgewärmten Tellern hügelartig anrichten.

Beilage: Gemüsenudeln (Rezept Seite 109)
Wein: Graves-Weißwein

Anmerkung zum Bild Seite 30 oben:
Bei dem Rezept »Gebratene Taubenbrüste mit Kuchen aus heller Leber« ist das Wort »Kuchen« nicht wörtlich zu nehmen. Die Masse besteht aus den Lebern verschiedener Geflügelarten. Es muß also weder Gänse- noch Entenleber sein. Meistens ist es die Leber von Poularden, weil man diese am häufigsten zur Verfügung hat. Die Lebern werden mit Gewürzen, Roheisstücken und Sahne im Elektromixer püriert, dann mit rohen Eigelben versetzt und in gebutterte Formen eingegossen. Diese kommen zum Pochieren der Masse in ein größeres Gefäß mit Wasser, das 25 Minuten lang in den heißen Ofen (bei 180°C) gestellt wird. Nach einer Ruhezeit von ½ Stunde stürzt man die »Kuchen« aus den Formen, und zwar paarweise auf warme Teller. Dazu gibt es zum Beispiel gebratene Taubenbrüstchen und kleine Gemüse, wie auf unserem Bild zu sehen.

ARMIN SCHERRER

Hase auf königliche Art

Lièvre dit à la royale

Hier stellt Emile Jung, der Besitzer des Restaurants »Crocodile« in Straßburg, eines der ungewöhnlichsten Hasengerichte vor, die es gibt. Gewisse Ähnlichkeiten mit dem klassischen Bœuf Bourguignon sind allerdings erkennbar.
Gänselebern und Trüffeln bringen die »königlichen« Akzente in dieses Rezept und machen aus dem einfachen marinierten Hasenfleisch die besondere Spezialität der elsässischen Landschaft.

Zutaten für 4 Portionen:

2 Hasen zu je 3 kg
2,25 l guter Rotwein aus Burgund
1 Bund Mirepoix
1 kleiner Zweig Thymian
1,5 dl Cognac
½ Lorbeerblatt
4 Knoblauchzehen
4 Schalotten
150 g schwarze Trüffeln
400 g Schweinenacken
600 g fetter ungeräucherter Speck
3 Eßlöffel Olivenöl
50 g Butter
200 g rohe Gänsestopflebern

Vorbereitungen:
Beide Hasen abziehen, ausnehmen, Läufe und Hälse entfernen, so daß nur Rücken und Keulen übrig sind.
Den einen Hasen so vom Rücken entbeinen, daß die beiden Rückenfilets zusammenbleiben. Dieses Stück in eine Schale legen, mit dem Rotwein übergießen und das kleingeschnittene Mirepoix zufügen. Bedecken und kühl stellen. 24 Stunden marinieren. Den zweiten Hasen auf die übliche Art entbeinen, den Rücken in große Würfel zerschneiden, sowohl die Keulen beider Hasen als auch die Hasennieren und Hasenlebern mit einer Marinade aus Thymian, Cognac, Lorbeerblatt, Knoblauch, gepellten und halbierten Schalotten in einer anderen Schale ebenfalls 24 Stunden marinieren. Die Trüffeln fein würfeln und der ersten Marinade zufügen. Das Schweinenackenstück in Würfel, den Speck in Scheiben schneiden. Die Rückenfilets aus dem Rotwein nehmen, mit den Würfeln vom Hasen und den Schweinefleischstücken füllen, mit den Speckscheiben umwickeln.

Zubereitung:
Das Olivenöl in einer Braisière erwärmen, die gefüllten Rückenfilets hineinlegen, das Mirepoix aus dem Rotwein nehmen, ebenfalls hineingeben, beides braten, mit dem Rotwein aufgießen, Braisière mit Deckel verschließen, 3 Stunden lang schmoren.
Den Fond durchs Sieb gießen, 3 Minuten reduzieren, mit kalten Butterflocken montieren. Die Gänsestopflebern durch ein Sieb streichen und ebenfalls zum Montieren verwenden.
Zum Anrichten die Rückenfilets tranchieren, auf den vorgewärmten Tellern anrichten und mit der Sauce nappieren.

Beilagen: Gratin Dauphinois (Rezept Seite 107), Blattspinat
Wein: Burgunder Rotwein

Anmerkung:
Emile Jung empfiehlt, zur Sauce noch etwas vom Hasenblut zu gießen. Man kann auch Schweineblut nehmen. Beides ist für den Wohlgeschmack jedoch nicht entscheidend.

EMILE JUNG

Oben: Wildschweincrèmesuppe. – Potage crème de sanglier. Rezept Seite 46

Unten: Wildkaninchen in buntem Gelee. – Gibelotte de lapin en gelée. Rezept Seite 24

Links: Hasenrücken mit Gänseleber und Trüffeln in Blätterteig. – Râble de lièvre en feuilletage. Rezept Seite 21

Jacques Manière

Hasenfilets im Netz mit Hagebuttensauce

Filets de râble de lièvre à la sauce d'églantines

Wenn man nicht ganz sicher ist, einen jüngeren Hasen zur Verfügung zu haben, muß das Fleisch ebenso lange in Buttermilch gelegt werden wie angegeben. Die Milchsäure lockert dabei die Fasern des Fleisches und macht es mürbe. Die Sauce ist nicht so würzig, wie man es sich vorstellen könnte, aber apart variiert.

Zutaten für 2 Portionen:

400 g Hasenrücken (ohne Knochen gewogen)
¼ l Buttermilch
Salz
Schwarzer Pfeffer
1 Teelöffel fein gehackter Majoran
2 Eßlöffel Olivenöl
150 g Mirepoix
½ l Rotwein
½ Lorbeerblatt
50 g Hagebuttenmark
50 g Butter
80 g fetter geräucherter Speck
200 g Schweinsnetz

Vorbereitungen:
Den Rücken parieren, Knochen und Parüren kühl aufbewahren. Die ausgelösten Filets 24 Stunden in die Buttermilch einlegen. Dann abtrocknen und mit Salz, schwarzem Pfeffer und dem Majoran würzen. Die Knochen zerschlagen, das Olivenöl in einem Kasserol erwärmen, sodann mit den Parüren und dem Mirepoix braun angehen lassen, mit dem Rotwein löschen, mit dem Lorbeerblatt 40 Minuten kochen, dann in ein Kasserol passieren und mit dem Hagebuttenmark mischen. Mit der Butter montieren.

Zubereitung:
Den Speck fein würfeln und in einem Sautoir auslassen. Jedes der Filets in ein abgeschnittenes Stück Schweinsnetz einwickeln und in dem durch das Auslassen des Specks entstandenen Fett von allen Seiten anbraten, das Sautoir dann in den Ofen schieben und die Filets 12 Minuten bei 200° C nachziehen lassen. Öfter arrosieren. Zum Anrichten die Filets in dicke Scheiben schneiden, auf die vorgewärmten Teller anrichten und mit der Sauce nappieren. Vorher prüfen, ob das Netz in der Hitze aufgelöst wurde oder entfernt werden muß. Auch die Grieben abseihen.

Beilagen: Kräuterspätzle, Rotkohlsalat mit Honigdressing (etwas Honig in der Marinade auflösen)
Wein: Beaujolais

Anmerkung:
Das Schweinsnetz, von dem in diesem Rezept die Rede ist, wird als höchst interessantes Hilfsmittel in der gehobenen Küche verwendet. Sobald das Gericht im Ofen richtig heiß geworden ist, löst sich das Netz auf (sollten dickere Teile davon zurückbleiben, müssen sie vor dem Servieren entfernt werden!). Es hat also nur eine zeitlich begrenzte Funktion und Lebensdauer, das heißt, es hält die Bestandteile des Gerichtes solange zusammen, bis sie durch eigene Bindung aneinander haften. Deshalb verwendet man das Netz besonders bei würfeligen Pastetenmassen, die sich in der Hitze unterschiedlich verhalten.
Das Schweinsnetz selbst ist eine hauchdünne Haut mit netzartig darauf verteilten Fettpartikelchen, die in der Ofenhitze schmelzen und auch die zarte Haut auflösen. Bei den »Hasenfilets im Netz mit Hagebuttensauce« wird der Hasenrücken mit seinen Zutaten nicht nur ins Schweinsnetz gewickelt, sondern zusätzlich noch mit einer dünnen Blätterteigdecke versehen. Man kann hier also das Netz später nicht mehr abziehen, sollte es sich ausnahmsweise nicht vollständig aufgelöst haben. (Es gibt an den Rändern der Netze nämlich auch dickere Partien, die als unangenehmer Rest zurückbleiben können.) Um dem vorzubeugen, muß man darauf achten, daß tatsächlich nur die hauchdünnen Teile des Netzes verwendet werden.

GÜNTER SCHERRER

Hasenrücken mit Gänseleber und Trüffeln in Blätterteig

Râble de lièvre en feuilletage

Bild Seite 18

Jacques Manière läßt den Hasen naturell, während er die ganze Würze in die Sauce legt. So kann jeder Gast den Würzungsgrad des Gerichtes bei Tisch selbst bestimmen. Der Blätterteigmantel ist hier mehr dekorative Zutat als kulinarische Notwendigkeit.

Zutaten für 4 Portionen:

1 Hase
Salz
Weißer Pfeffer
100 g Spickspeck
2 Zwiebeln
½ Porreestange (Lauchstange)
½ Möhre
⅛ Sellerieknolle
3 Eßlöffel Olivenöl
½ Lorbeerblatt
2 Gewürznelken
½ l Weißwein
¼ l Madeirawein
4 cl Cognac
120 g Gänseleber
20 g schwarze Trüffeln
1 Schweinsnetz
150 g Blätterteig
1 Eßlöffel Mehl
1 Eigelb

Für die Sauce außerdem:
2 Teelöffel milder heller Senf
10 frische Wacholderbeeren
¼ l Crème fraîche

Vorbereitungen:
Den Hasen nach dem Abziehen und Ausnehmen, Waschen und Trocknen zerwirken. Dann den Rücken filetieren, salzen, pfeffern und kreuzweise mit dem Speck spicken.
Die Knochen kleinschlagen. Die Zwiebeln pellen, den Porree, die Möhre, den Sellerie putzen und diese Gemüse kleinschneiden.
In einem Kasserol die halbe Menge des Olivenöls erhitzen, die Knochen, die Gemüse sowie das Lorbeerblatt und die Gewürznelken zugeben und alles braun anbraten, dann mit dem Weißwein löschen und 30 Minuten durchkochen lassen. Abseihen und den Fond auf die Hälfte reduzieren, dann mit dem Madeira wieder aufgießen.
Die Filets in einer Pfanne mit dem restlichen Olivenöl rasch von allen Seiten hellbraun anbraten und mit dem Cognac flämmen. Die beiden Filets beiseite stellen und abkühlen lassen. Die Gänseleber in dicke Streifen schneiden und mit den abgekühlten Filets in das Schweinsnetz so einrollen, daß ein Strang entsteht.
Den Blätterteig auf bemehlter Unterlage ausrollen, halbieren, in zwei dünne lange Rechtecke weiter auswalken und die beiden Filets in ihrem Schweinsnetz in den Teig einhüllen. Außen mit dem verquirlten Eigelb bestreichen.

Zubereitung:
Die beiden so eingepackten Filets auf einem Blech bei 220° C 30 Minuten backen. Dann warm stellen.
Das verbliebene Fumet in einem Kasserol erhitzen und mit dem Senf, den zerdrückten Wacholderbeeren und der Crème fraîche vermischen, etwas einkochen lassen, dann durch ein Sieb gießen.
Dann den Strang in dicke Tranchen schneiden und auf einer vorgewärmten Platte oder, wie auf unserem Bild, auf einer ovalen Kupferpfanne anrichten. Darauf jeweils eine Trüffelscheibe legen. Die Sauce à part anrichten.

Beilagen: Gebutterte Broccolirosen oder Püree von Linsen (Rezept Seite 112) oder Gratin Dauphinois mit Äpfeln (Rezept Seite 107)
Wein: Côte de Rôtie

JACQUES MANIÈRE

Warmer Kaninchensalat mit Trüffelvinaigrette

Lapereau en salade à la vinaigrette truffée

Bild Seite 62

Wildkaninchen, die früher als Arme-Leute-Fleisch galten, wurden in den letzten Jahren von den Meistern der feinen Küche aufgewertet.
Hier ein extravagantes Gericht, bei dem selbstverständlich nur die ausgelösten Rückenstücke der kleinen Tiere verwendet werden, damit man das lästige Knochennagen vermeidet.

Zutaten für 4 Portionen

600 g rohes Kaninchenfleisch (ohne Haut und Knochen gewogen)
Salz
Schwarzer Pfeffer
4 Eßlöffel Erdnußöl
½ l heller Kalbsfond
⅕ l Weißwein
2 Tomaten
1 Bund Schnittlauch

Für den Salat:

200 g gemischte Salatblätter (Radicchio, Frisé, Spinat)
2 Artischockenböden
100 g Champignons

Für die Marinade:

Salz
Weißer Pfeffer
2 Eßlöffel Sherryessig
4 Eßlöffel kaltgepreßtes Olivenöl

Für die Garnitur:

1 Büschel Brunnenkresse
Ferner: 50 g Butter

Für die Vinaigrette:

1 hartgekochtes Eigelb
4 Eßlöffel kaltgepreßtes Olivenöl
2 Eßlöffel Sherryessig
½ Teelöffel Dijonsenf
10 g schwarze Trüffeln

Vorbereitungen:
Das enthäutete und parierte Kaninchenfleisch mit Salz und schwarzem Pfeffer einreiben. In einem Sautoir das Erdnußöl erhitzen, das Fleisch darin 3 Minuten anprellen, mit dem Kalbsfond und dem Weißwein ablöschen, das Sautoir mit einem Deckel verschließen und das Gericht bei schwacher Hitze ziehen lassen, bis das Fleisch gar ist. Dann in dünne Scheiben schneiden.
Die Tomaten blanchieren, enthäuten, halbieren, Kerne herausdrücken, würfeln.
Den Schnittlauch feinschneiden.
Für den Salat die gemischten Salatblätter (Radicchio, Frisé, Spinat) putzen. Die Artischocken achteln.
Die Champignons putzen, nicht waschen, in Scheiben schneiden. In einer Schale mit Salz, weißem Pfeffer, dem Sherryessig, dem Olivenöl anmachen und 10 Minuten ruhen lassen.
Die Brunnenkresse putzen, waschen, im Sieb abtropfen lassen.

Zubereitung:
In einer Pfanne die Butter zerlassen, das Kaninchenfleisch darin von beiden Seiten schnell anbraten, ohne daß es Farbe bekommt, mit einem Schuß des Sherryessigs abspritzen, Tomatenwürfel und Schnittlauch dazugeben und melangieren. Für die Vinaigrette das hartgekochte Eigelb durch ein Sieb streichen und mit Hilfe eines Holzspatels mit dem kaltgepreßten Olivenöl, dem restlichen Sherryessig und dem Dijonsenf verrühren. Die schwarzen Trüffeln hineinreiben. Die vorbereiteten Salatblätter auf die Tellermitten anrichten, darüber die Kaninchenfleischmischung aus der Pfanne gießen und zum Schluß die Vinaigrette obenauf geben. Sofort servieren. Mit der Brunnenkresse garnieren.

Weine: Bouzy Rouge oder Coteaux de Champagne weiß

JÖRG UND DIETER MÜLLER

Rahmragout von Hasen mit Kräutern und Champignons

Émincé de lièvre à la crème aux herbes et aux champignons

Bocuse schreibt in seinem Originalrezept, das er etwas irreführend »Civet«, also Hasenpfeffer nennt, die Verwendung von Hasenblut vor, was charakteristisch für die französische Landküche ist. Ich meine aber, daß Hasenblut nur in den seltensten Fällen frisch aufgefangen werden kann. Außerdem macht es das Gericht unansehnlich und grau.

Zutaten für 3–4 Portionen:

1 bratfertiger Hase von 2,5 kg Gewicht
1 Prise Thymianblüten
¼ Lorbeerblatt
Salz
Schwarzer Pfeffer
2 große Zwiebeln oder 4 Schalotten
4 Eßlöffel Olivenöl
4 Eßlöffel Armagnac
150 g ungeräucherter, gesalzener, halbfetter, durchwachsener Speck
100 g Butter
2 Tassen Perlzwiebeln
250 g frische Champignons
1 kleine Möhre
2 knapp bemessene Eßlöffel Mehl
4 Knoblauchzehen
1 l Beaujolais
1 Kräuterstrauß

Für die Sauce:

6 Eßlöffel Crème fraîche
4 Eßlöffel Cognac
2 Eßlöffel gehackte Petersilie
2 Scheiben Weißbrot
50 g Butter

Vorbereitungen:
Den Hasen innen gut waschen und dann trockentupfen. Mit dem Schlagmesser in Portionsstücke zerteilen und die größten Knochen herausnehmen. Aus den Thymianblüten und dem zerbröselten Lorbeerblatt, dem Salz, dem schwarzen Pfeffer, der in Scheiben geschnittenen 1. Zwiebel (oder 2 der Schalotten), dem Olivenöl und dem Armagnac eine Marinade bereiten und in einer mit einem Tuch zugedeckten großen Schale 2 Stunden im Kühlschrank ziehen lassen.
Den Speck vorkühlen und in gleichmäßige große Würfel schneiden (die Würfel sollen später nach dem Schmoren noch erkennbar sein). Die Speckwürfel mit Wasser bedeckt 5 Minuten blanchieren, das Wasser abgießen, die Speckwürfel im Sieb abtropfen lassen.
In einem großflächigen, halbhohen Sautoir die Butter zerlassen und darin die inzwischen trockenen Speckwürfel leicht anbraten. Bei schwacher Hitze die geschälten Perlzwiebeln hinzufügen und unter ständigem Wenden goldgelb werden lassen. Die Champignons putzen und waschen, dann unzerschnitten dazugeben und kurz anbraten. Speckwürfel, Perlzwiebeln und Champignons herausnehmen, warm stellen, salzen.
Im selben Sautoir und in derselben Butter die in Scheiben geschnittene 2. Zwiebel und die geputzte, aber ungeschnittene Möhre angehen lassen, mit dem Mehl bestäuben und zur hellblonden Roux werden lassen. Die Fleischstücke aus der Marinade nehmen und in die Roux geben, die Knoblauchzehen hinzufügen (oder die anderen 2 Schalotten), mit dem Beaujolais deglacieren, der nur knapp über dem Topfinhalt stehen soll. Aufkochen lassen, den Kräuterstrauß hineinlegen, mit dem Deckel verschließen, Topfritzen mit Hilfe eines Mehl-Wasser-Teiges abdichten. Im Backofen bei 220°C 50 Minuten schmoren lassen. Den Topf öffnen und die Speckwürfel sowie die Champignons über das Ragout gießen, den Kräuterstrauß aus der Sauce holen und wegwerfen. Die Crème fraîche mit dem Cognac mischen, die gehackte Petersilie in diese Mischung streuen und in die Sauce einrühren. Die Sauce als Spiegel auf die 4 vorgewärmten Teller verteilen. Die Weißbrotscheiben in Dreiecke zerschneiden, in einem Sautoir Butter aufschäumen lassen und die Weißbrotdreiecke darin goldbraun braten. Das Ragout auf den Saucenspiegeln anrichten, die Speckwürfel darüberverteilen, die Champignons daraufgeben, die Croûtons an den Rand der Teller legen.

Beilagen: Kleiner Salat, Macaire-Kartoffeln
Wein: Beaujolais

PAUL BOCUSE

Wildkaninchen in buntem Gelee

Gibelotte de lapin en gelée

Bild Seite 19

Wie in der hohen Schule der Küche üblich, werden die Bestandteile der Gelee-Einlagen einzeln sorgfältig auf ein Geschmacksoptimum gebracht, so daß die Harmonie vollkommen wird. Um dies zu erreichen, müssen die Fleischstücke mit Cognac geflämmt und der Fond mit Madeira deglaciert werden. Bei diesen Arbeiten darf man sich nichts schenken. Manière läßt das Gelee in Terrinen gießen. Für eine praktische Portionierung jedoch, wären kleine Tonformen geeigneter.

Zutaten für 4 Portionen:

1½ kg Wildkaninchen
100 g Pökelzunge
100 g roher Schinken, aus Bayonne
2 Eßlöffel feingehackte Kräuter, bestehend aus:
1 Eßlöffel Petersilie
1 Eßlöffel Schnittlauch, Kerbel und Estragon (oder Basilikum)
1 Bündel Mirepoix
2 Eßlöffel Erdnußöl
Salz
Weißer Pfeffer
2 Salbeizweige
1 Thymianzweig
½ Lorbeerblatt
1 Teelöffel Pastetensalz
4 cl Cognac
10 cl Weißwein
¼ l Madeiragelee

Vorbereitungen:
Das Kaninchen zerwirken und gründlich waschen. 12 Stunden im Kühlen hängen lassen.
Die Pökelzunge mundgerecht würfeln.
Den Schinken etwas kleiner würfeln.
Die Petersilie, den Schnittlauch, den Kerbel und den Estragon (das Basilikum) vermischen.
Das Mirepoix putzen und kleinschneiden.
In einem Kasserol das Erdnußöl erhitzen, den Hasen salzen und pfeffern, mit dem geschnittenen Mirepoix, den Salbeizweigen, dem Thymianzweig, dem halben Lorbeerblatt, dem Pastetensalz in dem Erdnußöl angehen lassen.
Mit dem Cognac flambieren, mit dem Weißwein übergießen und langsam kochen lassen.

Zubereitung:
Nach 40 Minuten das Kaninchenfleisch herausnehmen, den Fond durch ein feines Sieb gießen.
Das Fleisch auslösen und in mundgerechte Würfel schneiden.
Den Fond reduzieren und in das Madeiragelee mischen.
Das Kaninchenfleisch (ohne Sehnen) mit dem Gelee vermischen, die Kräuter unterziehen, auch die Zungen- und Schinkenwürfel.
Abkühlen lassen und dann in Formen gießen, wo das Gelee endgültig erstarren soll.
Das erstarrte Gelee stürzen und – sofern es in eine große Terrine gegossen wurde – in Scheiben geschnitten auf den Tellern anrichten. Sonst aus den einzelnen kleinen Formen jeweils als eine Portion auf jeden der Teller stürzen.

Beilagen: Saure Sahne mit Dill, Pommes Maxims
Wein: Elsässer Pinot Noir

JACQUES MANIÈRE

Hasenrücken und Perlhuhnbrüste

Râble de lièvre et suprême de pintadeau

Wenn man die beiden Fleischarten nebeneinander auf dem Teller liegen sieht, scheinen sie – erstaunlicherweise – in der Struktur verwandt zu sein, was sich auch durch den Geschmack bestätigt. Dennoch hat es bisher keiner gewagt, diese beiden an sich so verschiedenen Vertreter von Wildbret und Geflügel harmonisch zu vereinigen. Wie überhaupt die Verwendung zweier Arten Fleisch in einem Gericht im klassischen Bereich der Küche so gut wie unbekannt ist. Bei dieser Spezialität von Hans Peter Wodarz hat die Sauce als geschmackliche Brücke eine besondere Bedeutung.

Zutaten für 4 Portionen:

400 g Hasenrücken ohne Knochen
2 Perlhuhnbrüste
Salz
Weißer Pfeffer
100 g Karotten
150 g Sellerieknolle
8 Blätter vom jungen Wirsing
200 g Pfifferlinge
50 g Schinkenspeck
1 Schalotte

Für die Sauce:

½ dl Portwein
½ dl Madeirawein
2 dl Cognac
5 Wacholderbeeren
1 Zweig Thymian
¼ Lorbeerblatt
1 Orangenschale
1 Zitronenschale

Für die Brühe:

Die Karkassen von Hase und Perlhuhn
50 g Schinkenspeck
50 g Schalotten
50 g Sellerieknolle
100 g Möhren
5 Petersilienstengel
1 Gewürznelke
Salz
¼ l Kalbsfond oder Wasser
1 ganze Orange
5 g Tomatenpüree
50 g Champignonabschnitte
50 g Pfifferlingabschnitte
6 dl Rotwein
1 Spritzer Sherryessig

Ferner:

80 g Butter
80 g Gänseleberparfait
1 dl Kalbsblut
Salz
Weißer Pfeffer
4 cl Crème fraîche

Vorbereitungen:

Den Hasenrücken parieren. Die Perlhuhnbrüste an den Rändern glattschneiden, parieren, die Haut nicht entfernen.
Die Fleischstücke getrennt im Backofen rosa braten, dann salzen und peffern.
Karotten, Sellerie und Wirsingblätter putzen, tournieren, waschen, in getrennten Töpfen blanchieren. Die Pfifferlinge putzen. Den Schinkenspeck ohne Schwarte sehr fein würfeln, in einem Kasserol erwärmen. Die Schalotte pellen und auch würfeln, im Speck mit den Pfifferlingen glasig angehen lassen. Für die Sauce Portwein, Madeira, Cognac mit den zerdrückten Wacholderbeeren, dem Thymian, dem Lorbeerblattstück, der Orangen- und Zitronenschale 10 Minuten kochen, dann den Alkohol entzünden und fast ausbrennen lassen. Stark reduzieren, mit der (anschließend beschriebenen) Brühe auffüllen und wieder einkochen.
Für diese Brühe die Knochen grob zerschlagen. Den Schinkenspeck fein würfeln und in einem Topf angehen lassen, die Karkassen darin braun anrösten und nach etwa 10 Minuten das Bratfett davon abgießen. Die Schalotten, den Sellerie und die Möhren würfeln, dazugeben und alles miteinander vermengen. Nach weiteren 5 Minuten die Petersilienstengel, die Gewürznelke, Salz, den Kalbsfond oder das Wasser, den Saft der Orange und die ausgedrückte Orangenschale, das Tomatenpüree, die Champignon- und Pfifferlingabschnit-

te zufügen und alles miteinander vermischen, dann weiter rösten, ohne daß die Gemüse zu dunkel werden. Man kann den Topf mit dieser Mischung bei 200° C in den Backofen schieben und die Gemüse etwa 15 Minuten lang braten lassen. Dann mit dem Rotwein und dem Spritzer Sherryessig löschen und mit 1 Tasse Wasser aufgießen, 3–4 Stunden bei schwacher Hitze kochen lassen. Flüssigkeit nachfüllen, dann den Topfinhalt durch ein Tuch passieren und in einem Kasserol wieder auf Saucenkonsistenz bringen.

Zubereitung:
Die vorbereitete Sauce wieder erhitzen, mit Butterflokken schaumig aufschlagen, das Gänseleberparfait durch ein Sieb streichen und mit dem Schneebesen ebenfalls in die Sauce schlagen. Das Kasserol vom Herd nehmen, das Kalbsblut vorsichtig und langsam in die Sauce rinnen lassen, dabei kräftig rühren. Wer keine Erfahrung mit diesem küchentechnischen Vorgang hat, der kann das Blut auch vorher mit dem Gänseleberparfait verrühren und dann mit der warmen Sauce vermischen, so wird die Gefahr der vorzeitigen Gerinnung umgangen. Zuletzt noch einmal mit Cognac, Salz und Pfeffer abschmecken.
Zum Anrichten die blanchierten Wirsingblätter auf den vorgewärmten Tellern ausbreiten, die Pfifferlinge darauf verteilen, rechts die Perlhuhnbrust in dünnen Tranchen, links den Hasenrücken in dünnen Tranchen legen. Mit der Sauce nappieren. Auf einer Seite die Karotten und gegenüber die Selleriewürfel anordnen.
Wer mag, der kann in die Mitte einen Tupfer Crème fraîche setzen.

Beilagen: Wie oben beschrieben
Wein: Pomerol-Rotwein

HANS PETER WODARZ

Hirschmedaillons in Moulin-à-Vent-Sauce

Médaillons de cerf au Moulin-à-Vent

Beim Zubereiten der Sauce muß darauf geachtet werden, daß der Geschmack des Preiselbeergeleees das Aroma von Wild, Wein und Thymian nicht überdeckt, sondern nur abrundet. Am besten wäre es natürlich, selbstbereitetes Preiselbeergelee zu verwenden, damit man einen hervorragenden Fruchtton erhält. Der Moulin-à-Vent sollte aus einem reifen Jahrgang stammen, damit er nicht zu viel Säure an die Sauce abgibt.

Zutaten für 2 Portionen:
4 Hirschkalbsmedaillons von je 75 g Rohgewicht
1 Schalotte
¼ l Moulin-à-Vent
1 Thymianzweig
¼ l Wildfond
4 Eßlöffel Olivenöl
Salz
Schwarzer Pfeffer
40 g Butter
1 Eßlöffel Preiselbeergelee

Vorbereitungen:
Die Medaillons parieren, beiseite stellen. Die Schalotte pellen und fein würfeln. In einem Kasserol mit dem Moulin-à-Vent stark reduzieren und den Thymianzweig 5 Minuten lang mitziehen lassen, dann entfernen. Den Wildfond dazugeben und nochmals reduzieren.

Zubereitung:
Das Olivenöl in einem Kasserol erwärmen und die gesalzenen und gepfefferten Medaillons darin hellrosa anbraten, vom Herd nehmen, in ein Stück Alufolie wikkeln und warm stellen. In dieser Zeit die Sauce fertigmachen. Dazu die Butter in kalten Flocken hineinmontieren, die Preiselbeeren, Salz und Pfeffer dazugeben und wieder etwas reduzieren.
Die Medaillons aus dem Bratensatz nehmen, abtropfen lassen und auf den vorgewärmten Tellern anrichten. Mit der Sauce nappieren.

Beilagen: Gratin Dauphinois (Rezept Seite 107), Rosenkohl
Weine: Moulin-à-Vent oder Morgon Charmes

HENRI LÉVY

Die Herrenpastete aus Hirschfilet mit Steinpilzen

Pâté Seigneur de filet de cerf et cèpes en croûte

Vielleicht geht es zu weit, wenn man sagt, Rudolf Katzenbergers Ruhm als einem der führenden Patron-Chefs sei durch seine Pasteten begründet worden. Einen wesentlichen Anteil daran haben sie jedoch, das ist sicher. Alle Pasteten werden von Katzenberger eigenhändig vom ersten bis zum letzten Handschlag zubereitet, und in der Adler-Küche gibt es dafür einen eigenen Pasteten-Arbeitstisch. Dort werden auch die neuen Kreationen ausprobiert.

Zutaten für 8 Portionen:

800 g pariertes Filet vom Hirschkalb
1 Eßlöffel gemischtes Wildgewürz
100 g Butter

Für die Farce:

200 g Hirschkleinfleisch
400 g Hirschknochen
6 Eßlöffel Erdnußöl
10 Wacholderbeeren
10 g Salz
5 g schwarze Pfefferkörner
2 Zwiebeln
1 l badischer Rotwein
150 g Hirschleber oder Kalbsleber
150 g Rückenspeck vom Schwein
1 Messerspitze Majoran
1 Messerspitze Thymian
100 g feste frische Steinpilze
1 Schweinsnetz
600 g Blätterteig
Etwas Mehl zum Ausrollen des Teigs
2 Eier
Etwas Butter
Salz

Vorbereitungen:
Das Hirschfilet mit dem Wildgewürz einreiben und 30 Minuten im Kühlschrank ruhen lassen. Dann in einem Sautoir die Butter zerlassen und darin das Filet hellbraun braten (innen muß es rosa bleiben!), anschließend abkühlen.
Nun die Farce vorbereiten. Hierzu das Hirschkleinfleisch zerschneiden. Die Knochen zerschlagen. Das Erdnußöl in einem Kasserol erwärmen, Fleisch und Knochen zusammen mit den Wacholderbeeren, dem Salz und den schwarzen Pfefferkörnern darin anbraten, bis alles recht braun ist. Die Zwiebeln pellen, in Scheiben schneiden und noch einige Minuten mitrösten. Mit dem Rotwein deglacieren, 20 Minuten kochen lassen, durch ein Sieb streichen und zu einer festen Reduktion einkochen. Kühl stellen.
Die Hirsch- oder Kalbsleber häuten und würfeln. Auch den Speck würfeln, mit dem Majoran und dem Thymian vermischen und zweimal durch die feine Scheibe des Fleischwolfes drehen. Mit der kalten Reduktion vermischen.
Die Steinpilze putzen und in kleine Würfel oder Scheiben schneiden und beiseite stellen.

Zubereitung:
Das Schweinsnetz auf der Arbeitsplatte ausbreiten, die Ränder glattschneiden, ½ cm dick mit der Farce bestreichen. Die erkalteten Filets darauflegen, in das bestrichene Netz einrollen und die Ränder andrücken.
Den Blätterteig auf der bemehlten Arbeitsplatte dünn ausrollen, die in das Schweinsnetz gewickelten Filets darin einhüllen. Die Schnittflächen nach unten legen, die Oberfläche mit den verquirlten Eiern bestreichen, mit dem Messer Verzierungen einritzen und die Pastete auf dem Blech im Backofen bei 200° C 25 Minuten backen.
Man kann die Pastete lauwarm und auch kalt servieren, aber auch ofenwarm. Sie wird schräg aufgeschnitten und mit den Steinpilzen, die man nur kurz in etwas Butter angehen läßt und leicht salzt, garniert. Die Pastete gilt als Vorspeise.

Beilagen: Salat aus gewürfelten mürben Äpfeln, die mit kleingeschnittenen Senffrüchten und etwas Crème fraîche vermischt werden oder auch mit Rum- oder Weinbrandfrüchten; Dreiecke von Gelee und Majoran-Mousseline
Wein: Badischer Rotwein aus Ortenau

RUDOLF KATZENBERGER

Aiguillettes von Rehrücken mit Lauchtimbale und Champagnersauce

Aiguillettes de selle de chevreuil à la timbale de poireaux sauce au Champagne

Bild Seite 87

Entgegen aller Tradition wird das Rehfleisch hier nicht gebraten, sondern mit Gewürzen im eigenen Dampf gegart. Vielleicht kann der Wohlgeschmack des Gerichts nicht von jedermann beim ersten Probieren ganz erfaßt werden. Man muß nämlich sehr genau »hinschmekken«. Außerdem ist es wichtig, daß sich der Koch präzis an die vorgeschriebenen Zutaten und Mengenangaben hält. Auch die drei Sorten Alkohol, die verwendet werden, bezeichnet Albert Bouley exakt; sie dürfen natürlich ebenfalls nicht durch andere Arten ersetzt werden.

Zutaten für 4 Portionen:

1 kg Rehrücken
Salz
Weißer Pfeffer
50 g Butter
1 Zweig Thymian
4 Eßlöffel Champagner
2 Eßlöffel Armagnac
2 Eßlöffel weißer trockener Wermut aus Frankreich
1 Eigelb

Für die Lauchtimbale:

400 g Weißes von Porreestangen (Lauchstangen)
¼ l Crème fraîche
Salz
Weißer Pfeffer

Für die Champagnersauce:

¼ l Champagner
⅛ l Crème fraîche

Vorbereitungen:
Den Rehrücken auslösen und parieren, dann salzen und pfeffern. Ein diesem Fleischstück entsprechendes Stück Alufolie zu einer Tasche falten und das Rehfilet hineinschieben. Die halbe Buttermenge, den Thymianzweig, den Champagner, den Armagnac und den weißen trokkenen Wermut hinzufügen. Die Tasche verschließen und die Ränder mit dem Eigelb zukleben.
In einem nach der Taschengröße bemessenen Topf genügend Wasser zum Kochen bringen, die Tasche vorsichtig hineingleiten lassen und den Topfdeckel auflegen. Die Tasche nach 15 Minuten mit Hilfe der Schaumkelle herausnehmen und weitere 10 Minuten warm stellen.
Das Weiße vom Porree putzen, waschen, in feinste Scheiben schneiden, die dann zu Streifen (Juliennes) zerfallen sollen. Die Timbaleform mit dem Rest der Butter ausstreichen, die Porreestreifen mit der Crème fraîche vermischen, salzen, pfeffern, die Masse dann fest hineindrücken, den Deckel auf die Form legen und die Lauchtimbale im Backofen bei 200° C 20 Minuten backen.

Zubereitung:
Die Alufolientasche öffnen. Den Fond, der sich inzwischen gebildet hat, in ein Kasserol abgießen. Den Champagner hinzugießen und die Flüssigkeit auf ein Drittel reduzieren, die Crème fraîche hineinrühren, wieder einige Minuten einkochen lassen, so daß eine natürliche Bindung entsteht. Das Rehrückenfleisch, innen rosa, der Länge nach in sehr dünne Scheiben tranchieren, auf die 4 vorgewärmten Teller verteilen und fächerförmig anrichten. Die Lauchtimbale in die Mitte der Teller stürzen. Mit der Sauce nappieren.

Beilagen: Gratin Dauphinois (Rezept Seite 107), Kleiner Salat
Wein: Champagner Sec

ALBERT BOULEY

Das Jägerrecht – Reh-Innereien als Ragout

Les abats de venaison en ragoût

Im freien Handel wird man die Innereien, wie sie Rudolf Katzenberger hier empfiehlt, nicht bekommen. Man muß also einen Jäger zum Freund haben, der alles – ganz frisch, das ist wichtig – liefert.

Zutaten für 2 Portionen:

1 Rehherz
1 Rehlunge
1 Rehmilz
2 Rehnieren
2 Zwiebeln
Salz
Schwarzer Pfeffer
4 Eßlöffel Erdnußöl
1 fette Speckschwarte
50 g Bauchspeckwürfel (durchwachsener geräucherter Bauchspeck)
10 weiche Wacholderbeeren
1 Prise Majoran
½ Teelöffel Koriander
¾ l Rotwein
1 Tasse Rehblut
Eventuell etwas Mehl (für den Mehl-Wasserteig)
1 Rehleber
1 Eßlöffel edelsüßes Paprikapulver
50 g Butter

Vorbereitungen:
Rehherz, -lunge, -milz und -nieren nicht waschen (es sei denn, der Magen wurde zerschossen). In Würfel von 1 cm Kantenlänge schneiden. Die Zwiebeln pellen und in dünne Scheiben schneiden. Die Fleischwürfel salzen und pfeffern. In einem Sautoir das Erdnußöl erhitzen, die Zwiebeln darin hellbraun werden lassen, die Fleischwürfel angehen lassen. Die Speckschwarte dazugeben, dann die Bauchspeckwürfel, die zerdrückten Wacholderbeeren, den Majoran und den Koriander. Mit Rotwein und dem Rehblut angießen, beides hineinrühren. Das Sautoir mit einem Deckel verschließen oder aber die Speckschwarte obenauf legen und ein Pergamentpapier darüberbreiten. Wer mag, kann die Ritzen zwischen Topfrand und Deckel auch mit einfachem Mehl-Wasserteig abdichten. Dann den Topf in den Backofen schieben. Die Garzeit des Ragouts beträgt bei 180° C etwa 1½ Stunden.

Zubereitung:
Das Sautoir aus dem Backofen holen, den Geschmack des Ragouts korrigieren, die Flüssigkeit eventuell noch etwas eindampfen lassen.
Die Rehleber nur mit dem edelsüßen Paprikapulver einreiben (nicht salzen!), schräg in 1 cm dicke Tranchen schneiden. Die Butter in einem Sautoir zum Steigen bringen. Die Rehleber darin saignant braten. Das Ragout auf vorgewärmten Tellern anrichten, mit den Tranchen garnieren.

Beilagen: Kleine rohe Kartoffelklöße, Kleiner Salat
Wein: Badischer Rotwein

RUDOLF KATZENBERGER

Oben: Gebratene Taubenbrüste mit Kuchen aus heller Leber. – Suprême de pigeons glacés aux darioles de foie blond. Anmerkung Seite 16

Unten: Sülze mit Gänseleberwürfeln, Steinpilzen und Trüffeln. – Foie gras, cèpes et truffes en gelée. Anmerkung Seite 39

Rechts: Rehrücken mit Weintrauben und Maronen in Portweinsauce. – Filet de chevreuil aux grains de raisins et marrons, sauce au Porto. Rezept Seite 39

Armin Scherrer

Beuschel vom Rehkitz mit Pfifferlingknödeln

Chiffonade de mou de chevreuil

Das normale Beuschel aus der österreichischen Heimat des Eckart Witzigmann ist eine Art ungebundenes Ragout, wofür man zum Beispiel in Wien ins Schwärmen gerät. Hier ist eine Variante aus Wildzutaten, die man eventuell, ohne den Charakter zu verfälschen, auch mit Wildklößchen verlängern kann, wenn diese Innereien nicht erhältlich sein sollten. Der Wohlgeschmack kommt nur von den vielen würzenden Zutaten in der Marinade und der Sauce, die in jedem Fall nach dem Original Witzigmann zubereitet werden muß.

Zutaten für 6 Portionen:

250 g Rehherz
250 g Rehlunge
150 g Bouquet garni aus gleichen Teilen englischem Staudensellerie, Petersilienwurzeln, Möhren, Poree (Lauch), Thymianzweig
3 frische Wacholderbeeren
3 Knoblauchzehen
1 kleine Zwiebel
1 kleines Lorbeerblatt
2 Gewürznelken
¼ l Rotwein
1/16 l Weinessig
Salz

Für die Sauce:

30 g Butter
1 kleine Zwiebel
2 Eßlöffel Mehl
50 g Essiggurken (Cornichons)
1 Eßlöffel gewässerte Sardellenfilets
1 Eßlöffel feinste Kapern
1 Messerspitze feingehackter Knoblauch
1 Prise geriebener Majoran
1 Messerspitze Senf
1 Messerspitze Paprikapulver
1 dl süße Sahne
1 Eßlöffel saure Sahne
Weißer Pfeffer
Salz
1 Spritzer weißer Weinessig
1 Löffel Wildsauce (falls vorhanden)
6 Wachteleier

Vorbereitungen:

Herz und Lunge gründlich wässern. Das Bouquet garni zusammenbinden, wobei das Selleriestück etwa 10 cm lang sein soll. Die Wacholderbeeren werden geweicht, wenn man sie eventuell nur getrocknet bekommen sollte. Die Knoblauchzehen pellen, ganz lassen. Die Zwiebel pellen und das Lorbeerblatt mit den Nelken daran feststecken.

Den Rotwein und den Essig mit ½ l Wasser aufkochen, Herz und Lunge darin einmal aufstoßen lassen, schäumen, das Bouquet garni dazugeben, dann die Wacholderbeeren, die Knoblauchzehen und die gespickte Zwiebel. Eine Prise Salz hinzufügen und etwa 20 Minuten kochen lassen, so, daß das Fleisch weich geworden ist.

Lunge und Herz herausnehmen und zwischen zwei Teller legen, mit einem Gewicht beschweren und pressen, damit sie später besser zu schneiden sind. Nach 2 Stunden etwa in Juliennes schneiden. Den Sud zur Hälfte einkochen, passieren und für die Sauce beiseite stellen.

Für die Sauce in einem Kasserol die Butter zerlassen und die Zwiebel pellen, in feine Würfel schneiden, diese in der Butter angehen lassen, ohne daß sie Farbe bekommen, das Mehl dazugeben, hellbraun rösten, nach und nach den reduzierten Sud zufügen und auch noch ¼ l Würzflüssigkeit von den Cornichons. Diese Sauce jetzt 20 Minuten bei schwacher Hitze einkochen lassen. In den letzten 5 Minuten kommt das Beuschelgewürz dazu. Das besteht aus den Essiggurken, Sardellen, Kapern, dem Knoblauch, dem Majoran, dem Senf und dem Paprikapulver. Diese Sauce jetzt mit Druck durch ein Spitzsieb passieren.

Zubereitung:

Die Streifen Fleisch (Herz, Lunge) in einem Sautoir mit der Sauce übergießen, die süße und die saure Sahne darübergeben, Pfeffer und Salz zufügen, mit einem Spritzer Essig und – falls vorhanden – einem Löffel Wildsauce abrunden. Der Geschmack soll betont pikant sein.

Dieses Beuschel wird in tiefen Tellern angerichtet. In die Mitte kommt je ein wachsweich gekochtes Wachtelspiegelei.

Beilagen: Markknödel mit Pfifferlingen (Rezept Seite 113)
Wein: Österreichischer Rotwein (Blaustängler)

Anmerkung:
Man findet in der Rezeptliteratur meist sehr genaue Angaben über das Alter des Fleisches, das verwendet werden soll. Bei Witzigmanns »Beuschel« soll es zum Beispiel ein Rehkitz sein.
Das Fleisch von jungen Tieren gilt allgemein für zarter und feiner als das von älteren Tieren. Die Gourmets schließen sich dieser Meinung an. Es wäre jedoch falsch zu behaupten, Fleisch von Jungtieren sei immer besser als Fleisch von älteren Tieren. Durch die Reife nämlich, die eben erst bei herangewachsenem Vieh, Geflügel oder Wild eintritt, entsteht ein besonders würziger Geschmack.
Ungeachtet dieser Tatsache, wetteifern die Gastronomen darin, möglichst junge Tiere zu verarbeiten; und auf den Speisekarten präsentieren sich »Milchlämmer«, »Stubenküken« und »Rehkitze«.

ECKART WITZIGMANN

Ganzer Rehrücken Neue Art

Selle de chevreuil à la nouvelle

Reh- und Hirschfleisch gehören seit jeher zu den besonderen Delikatessen der mitteleuropäischen Küche. Die Köche haben diese »Rohstoffe« immer besonders geliebt und sie für die Verwirklichung ihrer besten Ideen verwendet. Gereizt haben sie ohne Zweifel die zahlreichen geschmacklichen Veränderungsmöglichkeiten. Die Skala geht von Steak aus dem Hirschkalbsrücken zu ganzem Rehrücken, wie diesem, den Eiermann hier auf neue Art präsentiert.

Zutaten für 4 Portionen:
1 Rehrücken, frisch, mit Hals, nach dem Parieren etwa 1300 g schwer

Für den Fond:
100 g Schalotten
½ Tasse Erdnußöl oder geklärte Butter
4 Tomaten
½ l Burgunder-Rotwein
10 Wacholderbeeren
Weißer Pfeffer
Salz

Für die Beilage:
50 g Butter
1 kg reife Äpfel der Sorte Golden Delicious
1 kg festkochende Kartoffeln
¼ l Milch
¼ l Sahne
Salz
Weißer Pfeffer

Für die Pfifferlinge:
500 g frische kleine Pfifferlinge
80 g Butter
Salz
Weißer Pfeffer

Für die Broccoli:
1 kg Broccoli
¼ l Bouillon
⅛ l Sahne
Salz
30 g Butter

Für die Sauce:

⅛ l Crème fraîche

⅛ l Sauerrahm

Vorbereitungen:
Die Knochen fein zerhacken. Den Hals des Rehs abtrennen, das Halsfleisch auslösen und kleinschneiden, dann einstweilen beiseite legen.
Den Rehrücken parieren und ebenfalls beiseite legen (er wird erst ganz zum Schluß zubereitet). Schalotten pellen und grob zerschneiden. In einem geräumigen Kasserol das Erdnußöl erhitzen und Knochen und Schalotten darin angehen lassen. Die ungehäuteten Tomaten zerschneiden, zufügen, anrösten, mit dem Rotwein löschen, Wacholderbeeren, weißen Pfeffer und Salz zugeben, bei schwacher Hitze 30 Minuten sanft kochen lassen. Das vorbereitete Halsfleisch mit ins Kasserol füllen, jetzt 20 Minuten gemäßigt weiterkochen lassen. Diese so entstandene Flüssigkeit nun durch ein Sieb streichen, in einem Kasserol einige Minuten reduzieren, bis der Fond zu Glace zu werden beginnt.
Für die Beilage »Gratin Friedrichsruhe« ein ofenfestes ovales Geschirr mit flüssiger Butter auspinseln. Die Äpfel und Kartoffeln schälen, waschen, in dünne Scheiben schneiden. Abwechselnd in das Geschirr einschichten. Milch, Sahne, Salz und weißen Pfeffer verrühren und die Form damit auffüllen, bis Kartoffeln und Äpfel damit fast vollständig bedeckt sind. Auf der Herdplatte aufstoßen lassen, dann im Backofen bei 150° C 20 Minuten backen. Das Gratin wird in dieser Form serviert.
Die Pfifferlinge putzen, kurz kalt abspülen, gründlich abtropfen lassen. Die Butter in einem Kasserol klären und die Pfifferlinge darin ohne weitere Zutaten kurz angehen lassen, damit sie knackig bleiben. Nur mit Salz und Pfeffer abschmecken. Für das Broccolimus das Gemüse putzen, mit den Stielen kurzschneiden, in einen hochwandigen Topf legen, mit Bouillon und Sahne bedecken, salzen und, ohne einen Deckel aufzulegen, weichkochen. Dann heiß in den Elektromixer füllen und pürieren. Durch ein feines Sieb streichen und vor dem Anrichten mit Butterflocken aufmontieren.

Zubereitung:
Jetzt den Rehrücken mit der Unterseite nach oben in eine Ofenpfanne legen. Die Butter klären und den Rehrücken damit übergießen. 15–18 Minuten im Backofen bei 250° C scharf braten und dabei ständig arrosieren. Den Rehrücken nach einer Ruhezeit von 2 Minuten auslösen und tranchieren.
Für die Sauce die Crème fraîche und den Sauerrahm unter den anfangs zubereiteten Fond schlagen, dann abschmecken.
Den Rehrücken auf flachen, vorgewärmten Tellern anrichten, mit der Sauce nappieren. Broccolimus und Pfifferlinge daneben anordnen. Das Gratin separat servieren.

Beilagen: Wie oben beschrieben
Weine: Verrenberger Verrenberg, Lemberger Spätlese trocken

LOTHAR EIERMANN

Marinierte gebratene Rehrippchen mit Mandarinen

Côtelettes de chevreuil aux mandarines

Bild Seite 42

Dieses Gericht hat nur dann Anspruch in diesem Buch zu erscheinen, wenn es mit den besten Zutaten und der größten Sorgfalt zubereitet wird. Die Mandarinen müssen in jedem Fall frisch, der Wildfond soll rein im Geschmack sein. Man hüte sich vor zu starken, also streng schmeckenden Kräuterkompositionen!

Zutaten für 4 Portionen:

8 Rehrippchen
Salz
Weißer Pfeffer
1 Zwiebel
1 Möhre
1 Zweig Thymian
½ Lorbeerblatt
1 Knoblauchzehe
1 Glas Erdnußöl
100 g Butter
1 kg Mandarinen oder kernlose Clementinen
1 kg Rehknochen
1 Porreemittelstück
½ l Rotwein
Schwarze Pfefferkörner
1 Zwiebel
¼ Sellerieknolle
2 Zweige Pfefferminzblätter

Vorbereitungen:
Die Rippchen parieren und in eine flache Schale legen. Mit Salz und Pfeffer einreiben, die Zwiebel schneiden, die Möhre raspeln, den Thymian und das Lorbeerblattstück dazugeben, dann die zerdrückte Knoblauchzehe, und anschließend mit dem Erdnußöl übergießen, damit das Fleisch möglichst luftdicht abgeschlossen ist und so nicht trocken und braun werden kann. Dann mit passend zugeschnittener Alufolie überdecken und die Ränder andrücken. Im Kühlschrank 12 Stunden lang marinieren.

Zubereitung:
Am nächsten Tag den Saft, der sich beim Marinieren des Fleisches gebildet hat, sorgfältig abgießen. Es darf nichts zurückbleiben. In einer Plat Russe ein Drittel der Butter zerlassen und die Fleischstücke darin etwa 4 Minuten bei schwacher Hitze angehen lassen, die Rippchen müssen dabei innen rosa bleiben. Mit Salz und weißem Pfeffer würzen und auf die vorgewärmten Teller legen.
Die Mandarinen pellen (2 davon einstweilen beiseite legen), zerschneiden, die Kerne herausdrücken, den Saft in einem Durchschlag auspressen und einen Teil des Fruchtfleisches durchreiben, mit diesem Püree den Bratensatz in der Plat Russe löschen und etwas reduzieren. Dann in ein Kasserol abgießen und mit kalten Flocken aus dem zweiten Drittel der Butter montieren.
Die Rehknochen zerschlagen, diese in einem hochwandigen Topf in dem letzten Drittel der Butter anrösten. Nach 5 Minuten den geschnittenen Porree dazugeben, nach weiteren 5 Minuten mit dem Rotwein löschen, Salz und Pfefferkörner, die gepellte Zwiebel in Scheiben, den Sellerie in Stücken hinzufügen und alles 1 Stunde kochen lassen. Dann abseihen und die Brühe in einem Kasserol auf die halbe Menge einkochen. Damit die vorbereitete Sauce verbessern.
Die 2 Mandarinen holen und die Spalten ausschälen. Diese in die Sauce legen und leicht miterwärmen (sie dürfen nur etwa 10 Sekunden in der Sauce bleiben!); sie müssen dabei ihre Form behalten. Zum Anrichten die Sauce mit den Filets über die Rippchen geben, die auf die vorgewärmten Teller verteilt werden. Obenauf gezupfte Pfefferminzblätter dekorieren.

Beilage: Maronenpüree
Wein: Burgunder Rotwein, zum Beispiel Côte de Beaune

PATRICK JUVENETON

Gebratene Rehleber mit Löwenzahnpüree und rosa Pfeffer

Foie de chevreuil sauté
à la purée de pissenlit et de poivre rose

Bekanntlich muß die zarte Rehleber sehr vorsichtig sautiert werden, weil sie schnell hart werden kann. Sowohl die Zeiten für das Absteifen wie für das Nachziehen in der Folie sind in der Gesamtgarzeit inbegriffen. In der Ruhezeit hat die Leber Gelegenheit immer wieder zu röten.

Zutaten für 4 Portionen:

600 g Rehleber
3/4 l Milch

Für das Löwenzahnpüree:

300 g Löwenzahnblätter
1 Glas Sauternes-Weißwein
50 g ungesalzene Butter

Für die Rehleber:

150 g Butter
1/2 Glas Rotwein, Burgunder-Typ
6 Körner rosa Pfeffer
2 Schalotten
Cayennepfeffer
Salz
Schwarzer Pfeffer

Vorbereitungen:
Die Leberstücke von den äußeren härteren Häuten befreien, indem man sie auftrennt und langsam abzieht. Die Milch in eine Schale gießen, die Leberstücke hineinlegen und 12 Stunden darin lassen.
Die jungen Löwenzahnblätter ohne Stiele waschen und abtrocknen, dann kurz blanchieren und abtropfen lassen. Die Blätter in einem Kasserol mit dem Glas Sauternes 5 Minuten lang dünsten, wobei der Wein etwas verdunstet. Die gedünsteten Blätter aus dem Kasserol nehmen, fein hacken und pürieren, in das Kasserol zurückgeben und kochen lassen, bis die letzte Flüssigkeit verdampft ist. Je feiner das Püree ist, desto sorgfältiger muß es dabei mit dem Spatel in Bewegung gehalten werden. Die ungesalzene Butter hierbei unterheben und in dem Püree verrühren.

Zubereitung:
Die Rehleber nun aus der Milch (die man weggießt) nehmen, trocknen, in einer Sauteuse zwei Drittel der Butter zum Steigen bringen und die Leber darin schnell absteifen. In ein Stück Alufolie einwickeln und im Backofen bei 200° C 5 Minuten braten, die Alufolie dabei öfter wenden.
Dann die Leber mit dem Rotwein löschen, die rosa Pfefferkörner dazugeben und die Leber wieder ruhen lassen.
Nach 10 Minuten den Saft aus der Alufolie in ein Kasserol abgießen. Die Schalotten pellen und fein würfeln, den Bratensaft mit der restlichen Butter aufschlagen, Schalotten zugeben, mit Cayennepfeffer, Salz und schwarzem Pfeffer würzen.
Zum Anrichten die Leber in hauchdünne Tranchen schneiden und auf den vorgewärmten Tellern verteilen, daneben das Löwenzahnpüree häufeln und die passierte Sauce darübergießen.

Beilage: Gratin Dauphinois (Rezept Seite 107)
Weine: Pinot Noir aus dem Elsaß oder Burgunder Rotwein

ALBERT BOULEY

Rehkoteletts mit geliertem Rehfond und Hagebutten-Tomaten-Mousse

Côtelettes de chevreuil et leur gelée mousse d'églantines et mousse de tomates

Der Einfachheit halber hat Franz Keller gekaufte Blattgelatine aufgeschrieben. Das Gelee soll in jedem Fall zart sein, es kann natürlich auch aus Kalbsknorpel gekocht werden. Das Gericht wird nicht zuletzt von der aparten Sauce mit Rosenfrüchten bestimmt. Wer Zeit hat, kann im Herbst selbst Hagebutten sammeln, entkernen und grobstückig einkochen. Im Reformhaus gibt es Hagebutten bereits fein püriert in Gläsern.

Zutaten für 6 Portionen:

1 Rehrücken, frisch, nicht abgehangen
Salz
Schwarzer Pfeffer
100 g Butter
100 g Tomaten
40 g Hagebuttenmark
2 Zwiebeln
¼ Lorbeerblatt
½ l Rotwein
2 cl Weißwein
1 Bouquet garni
1 Tasse Rinderfond
2 Blatt Gelatine

Vorbereitungen:
Den Rehrücken in paarweise Koteletts (Doppelportion) zerschneiden und sauber parieren. Mit wenig Salz und Pfeffer einreiben und in der Hälfte der Butter, die zum Steigen gebracht wurde, englisch braten. Beiseite stellen.
Tomaten blanchieren, zerschneiden, Saft mit Kernen ausdrücken, mit Salz und Pfeffer musig zerkochen, mit dem Hagebuttenmark vermischen und zu einer Mousse kurz einkochen.
Die Knochen des Rehrückens grob zerschlagen, mit der restlichen Butter, den gepellten geviertelten Zwiebeln, dem Lorbeerblattstück, dem Rot- und Weißwein, dem Bouquet garni, dem Fond 50 Minuten lang kochen, dann durch ein Haarsieb gießen, in ein Kasserol füllen, entfetten und den Geschmack korrigieren.
Die Gelatineblätter in kaltem Wasser weichen und in den Fond rühren, bis sich die Gelatine gelöst hat. Dann im Kühlschrank abkühlen lassen.

Zubereitung:
Die Koteletts noch lauwarm anrichten, hierzu kalte Teller benutzen. Dazu die ebenfalls lauwarme Hagebutten-Tomaten-Mousse anhäufeln und das in unregelmäßige Stücke geschnittene Gelee.

Beilage: Morcheln à la Crème im Blätterteighaus (Rezept Seite 109)
Wein: Côte du Rhône-Rotwein

Anmerkung:
Rehkoteletts werden natürlich aus einem Teil des Rükkens geschnitten und sind somit ein Rehrücken in Scheiben. Der Vorteil der kleinen zierlichen Rippen liegt darin, daß man sie gut anfassen und abknabbern kann. Außerdem lassen sich die Rippchen viel leichter portionieren, wenn im Restaurant Einzelbestellungen kommen, denn der Rücken wird nur in Ausnahmefällen für Einzelgerichte zerschnitten.
Die Beilage des zu Gelee eingekochten eigenen Fleischsaftes ist eine relativ neue Küchensitte. In Zukunft wird sie sich vermutlich weiter einbürgern, denn sie eröffnet noch manche Aspekte. Wichtig ist dabei die geschmackliche Natürlichkeit von Fleischsaft und Gelee, damit der Name »leur gelée« zu Recht besteht.

FRANZ KELLER JR.

Rehfilet in der Folie auf Chablissauce mit schwarzen Johannisbeeren

Filet de venaison en chemise à la sauce au Chablis et au cassis

Die Filets vom Reh sind besonders klein und zart und passen somit leicht in die aufgeschnittenen Salatköpfe, deren Blätter als natürlicher Hitzeschutz wirken. (Sie haben eine ähnliche Funktion wie sonst die Speckscheiben.) Dazu kommt noch die Alufolie, die wieder den Salat und die Aromaten schützt. Interessant an diesem neuartigen Gericht ist die Anweisung, daß die Filetstücke nicht vorher angebraten werden. Die Kräuter müssen weise dosiert werden, damit sie nicht dominieren. Die weinig-fruchtige Sauce ist ein Kunstwerk für sich.

Zutaten für 2 Portionen:

400 g Rehfilet
50 g Petersilienwurzeln

Für die Sauce:

1 Eßlöffel Butter
1 Schalotte
4 Champignonköpfe
1/10 l heller Kalbsfond
6 cl Chablis
2 cl Noilly Prat
4 cl Sahne
1 Eßlöffel Crème fraîche

Ferner:

Salz
Weißer Pfeffer
2 halbierte Kopfsalatherzen
20 g Butter
1 Wacholderbeere
½ Zweig Rosmarin
1 Salbeiblatt

Zum Fertigstellen der Sauce:

1 Eßlöffel Butter
Saft von ¼ Zitrone
1 Tasse gezupfte schwarze Johannisbeeren

Vorbereitungen:
Das Rehfilet parieren und portionsgerecht schneiden. Die Petersilienwurzeln putzen und waschen, unzerschnitten lassen.

Für die Sauce die Butter in einem Kupferkasserol zerlaufen lassen. Die Schalotte putzen und sehr fein würfeln. Die Champignons putzen und in feinste Blätter schneiden. Zusammen in der Butter angehen lassen, den Kalbsfond, den Chablis und den Noilly Prat dazugießen, auf die Hälfte reduzieren, Sahne und Crème fraîche dazugeben, wieder reduzieren und dann durch ein Haarsieb streichen.

Zubereitung:
Die Filetstücke salzen und pfeffern. Die Salatherzen in der Mitte zu einer Tasche einschneiden, die Rehfiletstücke hineinlegen, erst die Butterflocken daraufgeben, dann die Petersilienwurzeln, die zerkleinerte Wacholderbeere, die zerschnittenen Rosmarinblätter, das zerriebene Salbeiblatt darüberverteilen. Anschließend die Päckchen auf je ein Stück Alufolie legen, darin einschlagen und die Ränder fest zusammendrücken, so daß die Päckchen verschlossen sind. Den Backofen auf 300° C vorheizen, die Folienpäckchen auf ein Geschirr legen, das in den Backofen geschoben wird. 3-5 Minuten garen. Dann 5 Minuten ruhen lassen.
Die vorbereitete Chablissauce jetzt wieder erwärmen, aber nicht kochen lassen. Die Butter in kleinen Flocken in die Sauce montieren, mit Salz, weißem Pfeffer und Zitronensaft den Geschmack kontrollieren, die frischen Beeren einstreuen und in der warmen Sauce platzen lassen.
Zum Anrichten die Sauce auf zwei vorgewärmten Tellern zum Spiegel ausgießen. Die Folienpäckchen schnell aufritzen, den Inhalt jeweils auf die Tellermitte legen und den Fond aus der Alufolie, der sich beim Backen gebildet hat, darüberträufeln.

Beilage: Weißbrot
Wein: Côte d'Or-Rotwein

HANS PETER WODARZ

Rehrücken mit Weintrauben und Maronen in Portweinsauce

Filet de chevreuil aux grains de raisins et marrons sauce au Porto

Bild Seite 31

Seit über 20 Jahren wird jedes Wildfleisch so gut wie frisch zubereitet. Der Wild-Hautgoût, dieser manchmal etwas aufdringliche Wildgeschmack, ist nicht mehr Mode. Als ein bekannter Küchenchef kürzlich bei einem 200-Personen-Diner für Fachleute Rebhuhnbrüstchen mit dem Überreife-Geschmack vorsetzte, erntete er keinen Beifall. Vor 30 oder 50 Jahren wäre das anders gewesen. Verarbeitet man frisches Wildfleisch, so sind allerdings die geschmacklichen Unterschiede zwischen den einzelnen Wildarten geringer als bei länger abgehangenen Tieren, ja Wildfleisch ähnelt dem Schlachtfleisch.

Zutaten für 4 Portionen:

4 Rehrückenfilets zu je 160 g
Salz
Schwarzer Pfeffer
50 g Butter
¼ l Wildfond
⅛ l Portwein der süßen Sorte
500 g große grüne Weintrauben
50 g geschälte gedämpfte Maronen (Eßkastanien)
50 g Gänseleber
½ Orange
2 Eßlöffel grüne Pfefferkörner
2 Eßlöffel Pomeranzenlikör (Grand Marnier)

Vorbereitungen:
Aus dem frischen Rehrücken die Filets parieren und in 4 gleichgroße Stränge von 12 cm Länge schneiden. Mit Salz und Pfeffer einreiben, etwas von der Butter nehmen und diese in eine Pfanne geben, die Filets darin kurz anprellen, sofort herausnehmen und warm stellen. Den Bratensatz mit dem Wildfond und dem Portwein deglacieren und auf die halbe Menge reduzieren.
Die Weintrauben blanchieren, dann die Häute abziehen, die Kerne entfernen.

Zubereitung:
Die Sauce mit der übrigen Butter aufschlagen. Die Gänseleber durch ein Haarsieb streichen und die Sauce damit ebenfalls montieren. Zum Abschmecken die abgeriebene Schale der Orangenhälfte, die grünen Pfefferkörner und den Pomeranzenlikör verwenden. Zum Anrichten die rosigen Filets schräg in Scheiben schneiden und auf vorgewärmten Tellern anrichten, mit der Sauce nappieren und mit den Trauben und Maronen garnieren.

Beilage: Gratin Dauphinois (Rezept Seite 107)
Wein: Côte Rôtie

Anmerkung zum Bild Seite 30 unten:
Die »Pilzsülze in der Kartoffel« ist eine andere Rezeptkreation Armin Scherrers. Man braucht dazu die größtmöglichen Kartoffeln, die nach dem Schälen und Waschen der Länge nach halbiert werden. Dann kommt ein Zierat, der eigentlich nur eine Äußerlichkeit ist: Man soll die Kartoffelhälfte zu einem Pilz zurechtschneiden, um so den Gast auf das kulinarische Thema einzustimmen.
Dann wird dieser Kartoffelpilz auf einer Seite ausgehöhlt und fast gargekocht. Dies ist ein kritischer Punkt, denn die Kartoffel soll bei einem so feinen Gericht keine Qualitätsminderung ergeben, weder durch zu weiche noch zu feste Konsistenz. Die zweite küchentechnische Klippe ist die Würzung der Kartoffelschalen, die in Harmonie mit dem Gelee und seinen Einlagen stehen muß. Diese Worte sind für die Adresse der möglichen »Nachschöpfer« dieses Gerichtes.
Die Geleefüllung aus Gänseleberwürfeln, Steinpilzen und Trüffeln kann auch ohne Kartoffeln serviert und die Geleezusammensetzung variiert werden, ohne dem Gericht Armin Scherrers (einer Vorspeise oder auch einer Beilage) Abbruch zu tun.

ARMIN SCHERRER

Rehrückennüßchen nach Saint-Hubert

Noisettes de chevreuil Saint-Hubert

Wenn Paul Haeberlin Reh zubereitet, so kommt dieses nicht aus seiner von Haarwild so gut wie leergeschossenen elsässischen Heimat, sondern aus Deutschland oder aus den Ostblockländern, und dort besonders aus Polen und Ungarn. Reh ist nach wie vor das beliebteste Wildfleisch, weil es würzig und zugleich zart ist. Die Bezeichnung ›Noisettes‹ für die Scheiben von ausgelöstem Rückenfilet wurde von Frankreichs Köchen der Nußform nachempfunden.

Zutaten für 6 Portionen:

1000 g Rehrücken (dies entspricht 600 g Filet ohne Knochen)

Für den Fond:

10 Champignons
2 Zwiebeln
½ Möhre
½ Lorbeerblatt
8 Wacholderbeeren
½ l Spätburgunder
5 schwarze Pfefferkörner
Salz

Für die Marinade:

¼ l Gewürztraminer
Salz
Weißer Pfeffer
10 Wacholderbeeren
1 Zweig Thymian
½ Lorbeerblatt
½ Möhre
1 Zwiebel

Ferner:

120 g Butter
2 Gläser Cognac
¼ l Crème double
3 Teelöffel rotes Johannisbeergelee

Vorbereitungen:
Den Rücken filetieren und parieren. Die Knochen zerschlagen und in einer Ofenpfanne mit den geputzten, gewaschenen und geschnittenen Champignons, den gepellten und geschnittenen Zwiebeln, der geputzten Möhre, dem Lorbeerblatt, den Wacholderbeeren, dem Spätburgunder, den schwarzen Pfefferkörnern und Salz 50 Minuten kochen lassen. Dann den Fond durch ein Spitzsieb treiben und wieder in ein Kasserol füllen.
Das Filet in gleichmäßige Scheiben von 100 g Gewicht schneiden.
Aus den Zutaten für die Marinade, also Gewürztraminer, Salz, weißem Pfeffer, Wacholderbeeren, Thymian, Lorbeerblatt, Möhre, Zwiebel, eine Mischung bereiten und 10 Minuten kochen. Die Marinade soll anschließend abkühlen, dann erst die Fleischstücke einlegen.

Zubereitung:
Die Nüßchen in geklärter Butter in einem Kasserol rosig braten. Den Knochenfond auf ein Drittel reduzieren. Die Marinade abseihen und in die Sauce einrühren, wieder auf Saucenkonsistenz einkochen.
Den Bratenfond der Nüßchen mit dem Cognac löschen, den reduzierten Fond dazugeben, mit der Crème double und dem Johannisbeergelee verrühren, wieder reduzieren.
Zum Anrichten die Filets auf den vorgewärmten Tellern anrichten und mit der Sauce nappieren.

Beilage: Pochierte Apfelhälften mit Johannisbeergelee gefüllt
Wein: Badischer Spätburgunder Rotwein

PAUL HAEBERLIN

Frischlingskeule in Himbeeressig

Gigot de marcassins mariné à la sauce framboise

Eigentlich handelt es sich hier um nichts anderes als einen Wildsauerbraten, der aber dreifach zum Feineren hin abgewandelt wurde, nämlich durch Himbeeressig, Himbeergeist und Himbeermark. Die Frischlingskeule kann in den Hohlräumen, die durch das Auslösen der Knochen entstehen, mit einer Schinkenfarce gefüllt werden. Wenn das Gericht noch erlesener werden soll, kann man auch Trüffeln für die Farce verwenden. Der Lebkuchen darf das zarte Himbeeraroma nicht verdekken. Je nach Geschmack kann, statt des Lebkuchens, auch Zwieback genommen werden. Das Gericht soll weder in Süßigkeit ertrinken, noch süßsauer werden.

Zutaten für 8 Portionen:

2 kg Frischlingskeule, ausgelöst und pariert gewogen
Salz
Weißer Pfeffer

Für die Marinade:

500 g Mirepoix
2 Eßlöffel Erdnußöl
3 Knoblauchzehen
¼ l Himbeeressig
50 g Honig
½ l Wasser
Salz
3 Zweige Thymian
1 Lorbeerblatt
5 Nelken
20 Korianderkörner
20 schwarze Pfefferkörner

Ferner:

¼ l Erdnußöl
0,1 l Himbeergeist
4 Stück Saucenlebkuchen oder 4 Scheiben Zwieback
150 g Himbeermark

Vorbereitungen:
Die Keule waschen und wieder abtrocknen. Innen mit Salz und weißem Pfeffer einreiben.
Für die Marinade das Mirepoix putzen und kleinschneiden. Mit etwas Erdnußöl in einem Kasserol anrösten, die Knoblauchzehen pellen und zerschneiden, dann in dem Mirepoix mit angehen lassen. Mit dem Himbeeressig deglacieren. Den Honig mit ½ l Wasser verdünnen und zu den Gemüsen gießen, einmal aufstoßen lassen und Salz, Thymian, Lorbeerblatt, Nelken, Koriander sowie schwarze Pfefferkörner dazugeben, vom Herd nehmen und abkühlen lassen.
Die Keule mit einem Drittel des Erdnußöls einreiben und in eine Schale legen. Mit der abgekühlten Beize (Marinade) übergießen und mit einem Tuch bedecken. 35 Stunden ziehen lassen.

Zubereitung:
Die Keule herausnehmen, abtrocknen. In einem Ofenbräter das restliche Erdnußöl erhitzen und die Keule darin von allen Seiten anbraten, so daß sie Farbe bekommt und sich die Poren schließen. Mit dem Himbeergeist deglacieren.
Die Keule herausnehmen und zunächst beiseite legen. Das Mirepoix mit einer Schaumkelle abtropfen und in dem Bratsatz mit braun werden lassen. Dann mit Beize löschen, das Fleisch wieder dazugeben und garschmoren.
Dann die Sauce in ein Kasserol passieren. Die Gemüse durch ein feines Sieb streichen und in die Sauce mischen.
Die Saucenlebkuchen zerschneiden oder die Zwiebackscheiben zerstoßen und mit etwas Sauce befeuchten, dann zugeben und gründlich schlagen, damit sie sich völlig in der Sauce lösen und diese dadurch binden. Dann das Himbeermark zufügen und mit der Butter montieren. Geschmack korrigieren. Das Fleisch dünn aufschneiden, auf den vorgewärmten Tellern anrichten und mit der Sauce nappieren.

Beilagen: Spinatnudeln, Wirsingkohl in Butter, sautierte Pfifferlinge, Rösti
Weine: Côte de Rôtie oder Côtes du Rhône

GÜNTER SCHERRER

Oben: Ragout von Enten mit Krebsen. – Ragoût de canard aux écrevisses. Rezept Seite 101

Unten: Der Teller vom Markteinkauf. – L'assiette maraîchère. Rezept Seite 108

Links: Marinierte gebratene Rehrippchen mit Mandarinen. – Côtelettes de chevreuil aux mandarines. Rezept Seite 35

Patrick Juveneton

Frischlingsragout in Burgunder

Ragoût de marcassin au Bourgogne

Dieses Gericht wurde aus dem Bœuf bourguignon des Landes um Lyon entwickelt. Es ist die Frage, ob das relativ zarte Fleisch der jungen Wildschweine dem Gericht schon so viel Würze geben kann, wie es nötig ist, und weshalb bei der Urfassung auch tatsächlich nur das Fleisch von ausgewachsenen Ochsen genommen wird. Das Schmoren erzeugt weiches Fleisch und beste Saucenqualität.

Zutaten für 4 Portionen:

850 g knochenfreies Frischlingsfleisch
Salz
Schwarzer Pfeffer
6 Eßlöffel Erdnußöl
2 Eßlöffel Tomatenmark
⅓ l guter Burgunder-Rotwein
½ l Rinderfond
12 Wacholderbeeren
½ Lorbeerblatt
150 g Möhren
150 g Schalotten
150 g rohe Champignons
30 g Butter
½ Teelöffel Kartoffelstärke
Kräuterbüschel zum Anrichten

Vorbereitungen:
Das Fleisch sorgsam parieren, insbesondere von Sehnen, dann in passende Würfel schneiden. Diese mit Salz und schwarzem Pfeffer einreiben. In einer Pfanne das Erdnußöl erhitzen, ohne daß es zu rauchen beginnt. Das Fleisch nur mäßig anbraten, sofort das Tomatenmark dazugeben, verrühren, kurz angehen lassen und mit dem Burgunder deglacieren. Nach 3 Minuten den Rinderfond zufügen, die Wacholderbeeren zerdrücken und mit dem halben Lorbeerblatt als Gewürz 20 Minuten bei schwacher Hitze ziehen lassen. Möhren und Schalotten putzen und in Würfel mit der Kantenlänge von ½ cm, schneiden. In gesalzenem Wasser 15 Minuten garziehen lassen, dann abgießen und in das Ragout geben.
Die Champignons putzen, roh in dicke Scheiben oder Würfel schneiden. In einem Kasserol die Butter zerfließen und die Champignons darin angehen lassen.

Zubereitung:
Das Ragout fertig garen, mit der Stärke binden, den Geschmack korrigieren. In eine vorgewärmte Anrichteschale oder auf vorgewärmten Tellern verteilen und die angebräunten Champignons obenauf legen. Mit Kräuterbüscheln anrichten.

Beilagen: Gratin Dauphinois (Rezept Seite 107) oder Püree
Weine: Côtes des Nuits oder Côte Rôtie

JÖRG UND DIETER MÜLLER

Frischlingssülze mit grüner Sauce

Marcassin en gelée, sauce verte

Das junge Wildschwein, der Frischling, liefert natürlich sehr viel zarteres Fleisch als das ältere Tier, und es hat auch nicht den oft etwas zu intensiven Wildgeschmack. Jörg und Dieter Müller verwenden fertige Gelatine, aber ein Naturgelee durch Zusatz von Kalbsknorpel und Füßen wäre natürlich auch denkbar.

Zutaten für 4 Portionen:

1 kg Fleisch vom Frischling, besonders vom Nacken und von der Schulter, auch das Kopffleisch kann mitverwendet werden
1 Lorbeerblatt
12 schwarze Pfefferkörner
1 Eßlöffel Senfsaat
8 Wacholderbeeren
1 Knoblauchzehe
½ Teelöffel Pökelsalz

Für die Sauce:

125 g gemischte Gartenkräuter (Sauerampfer, Kerbel, Petersilie, Schnittlauch, Dill, Pimpinelle)
½ Salatgurke
½ grüne Paprikaschote
Salz
Weißer Pfeffer
1 Eßlöffel Sherryessig

Ferner:

1½ l Rindfleischfond
¼ l herber Weißwein
2 Eiweiße
10 Blatt weiße Gelatine
1 dl Portwein
1 dl Sherry
300 g Karotten (Möhren)
200 g grüne Bohnen, feine Haricots verts
1 Schote roter Paprika
0,2 l Crème fraîche

Vorbereitungen:
Das Fleisch roh von den Knochen lösen und in 1 cm dicke Streifen schneiden. In einer Schale diese Streifen mit dem in Stückchen zerbrochenen Lorbeerblatt, den zerstoßenen Pfefferkörnern, der Senfsaat, den Wacholderbeeren, der gepellten, zerdrückten Knoblauchzehe und dem Pökelsalz gründlich vermengen und 24 Stunden zugedeckt im Kühlschrank marinieren.
Für die Sauce die Kräuter waschen, abtropfen lassen. Die Gurke schälen und, falls nötig, entkernen. Die Paprikaschote waschen, damit sich die Kerne entfernen lassen, das Innere herausschneiden. Im Elektromixer alles zusammen pürieren und in eine Schale umleeren. Mit Salz, weißem Pfeffer, Sherryessig würzen.
Den Rindfleischfond mit dem Weißwein vermischt in einem Kasserol aufkochen lassen. Das Fleisch aus der Marinade nehmen und in dem Fond einmal aufstoßen lassen, dann am Herdrand so lange ziehen lassen, bis das Fleisch gut weich ist. Dann das Fleisch mit der Schaumkelle herausholen und in einer Schale kühl stellen. Jetzt den Fond durch die Etamine gießen und in einer Schale mit den Eiweißen zum Klären mischen. In einem Topf bei mäßiger Hitze aufstoßen lassen und nochmals durch die Etamine gießen. Die Gelatine mit etwas warmem Wasser, dem Portwein und dem Sherry weichen, in den Fond geben, bis zum Auflösen erwärmen, abkühlen lassen bis kurz vor dem Gelierpunkt.
In dieser Zeit die Karotten putzen, der Länge nach vierteln, in gesalzenem Wasser 5 Minuten blanchieren, abkühlen und kalt stellen.
Die Bohnen verlesen, ebenso blanchieren, damit sie knackig bleiben, kalt stellen. Die rote Paprikaschote waschen, entkernen und in Streifen schneiden.

Zubereitung:
Die Pastetenform mit einer Schicht Gelee von ½ cm ausgießen und so lange schwenken, bis das halbflüssige Gelee überall an den Wänden gleichmäßig verteilt ist. Erstarren lassen und jetzt das Fleisch mit den Streifen Paprikaschote und Gemüse lagenweise einschichten und mit dem Gelee auffüllen. 6–8 Stunden kalt stellen.
Die Sauce mit der Crème fraîche vermischen und den Geschmack korrigieren.
Die Pastete aus der Form auf einen vorgekühlten Teller stürzen und mit der Sauce à part servieren.

Beilagen: Gratin Dauphinois oder Stangenbrot, Butter
Wein: Elsässer Pinot Noir

JÖRG UND DIETER MÜLLER

Wildschweincrèmesuppe

Potage crème de sanglier

Bild Seite 19

Eigentlich ist diese Suppe keine aufregende Angelegenheit, aber Jacques Manière bereitet sie ebenso oft wie gern und gut, und seine Gäste bestellen sie ebenso häufig, eigentlich immer. Wichtig sei, das hob der Pariser Patron-Chef mehrfach hervor, als wir dieses Gericht bei ihm fotografierten, den Fond stark zu reduzieren. Der Rest sei ein Kinderspiel.

Zutaten für 8 Portionen:

2 kg Wildschweinknochen von den Läufen und vom Rücken
500 g Mirepoix
2 Zwiebeln
¼ l Erdnußöl
1 Lorbeerblatt
Schale von ½ Zitrone
1 l Rhône-Rotwein
2 Eßlöffel Preiselbeerkonfitüre
Salz
Schwarze Pfefferkörner
½ l saure Sahne
¼ l süße Sahne
Einige Wacholderbeeren (eventuell)
Etwas Portwein (eventuell)
4 Scheiben Weißbrot ohne Rinde
50 g Butter
1 Bund Kerbel

Vorbereitungen:
Die Knochen zerschlagen und das Mirepoix und die Zwiebeln putzen. In einer Ofenpfanne das Erdnußöl heiß werden lassen, die Knochen dazugeben, scharf angehen lassen und nach etwa 7 Minuten das Mirepoix zufügen, das ebenfalls noch 3 Minuten Farbe nehmen soll, dann das Lorbeerblatt, die Zwiebelviertel und die gehackte Zitronenschale hineingeben und sofort mit 1 l heißem Wasser und dem Rhône-Rotwein deglacieren, sodann 2 Stunden kochen lassen. Das Lorbeerblatt schon nach 30 Minuten herausnehmen.

Zubereitung:
Abgießen. Die Preiselbeerkonfitüre, Salz und gebrochene schwarze Pfefferkörner zugeben und wieder 40 Minuten sieden lassen, und zwar unbedeckt, so daß eine Menge von 1 l erreicht wird. Bei zu starker Reduktion auch wieder mit Flüssigkeit in Form von Wasser ergänzen. Nicht mehr Wein als angegeben hineingießen.
Wenn der Fond stark reduziert und fertig abgeschmeckt ist, saure und süße Sahne zugeben und glattschlagen, durch ein Haarsieb treiben und nicht mehr kochen. Eventuell kann der Geschmack mit Wacholderbeeren (im ganzen 10 Minuten mitgekocht) und Portwein (zuletzt dazu, nur einige Minuten den Alkohol ausdampfen!) abgerundet werden.
Die Brotscheiben würfeln, in der Pfanne mit der steigenden Butter hellbraun werden lassen und à part servieren. Den Kerbel in winzige Blättchen zupfen und auf der Suppenoberfläche verteilen, nicht einmischen. In tiefen Tellern anrichten.

JACQUES MANIÈRE

Wildschweinmedaillons mit Morcheln gefüllt auf Linsen mit Steckrüben

Médaillons de marcassin farcis aux morilles sur lentilles

Bild Seite 30

Hier haben wir ein Stück »Cuisine du terroir« des Paul Bocuse, dargeboten von Armin Scherrer, einem Westfalen in Hamburg. Es ist interessant, daß entgegen den allgemeinen Regeln der Qualitätsküche hier große Linsen vorgeschlagen werden, die zusammen mit Steckrübenwürfeln gekocht werden. Übrigens setzen sich die Linsen geschmacklich gegen die Steckrüben durch, und das typische Aroma der Morcheln dringt tief in das Wildschweinfleisch ein.

Zutaten für 4 Portionen:

700 g Wildschweinkeule oder -rücken
8 Scheiben geräucherter gesalzener Bauchspeck
50 g fetter Speck
2 Zwiebeln
100 g große Linsen
½ l Fond aus geräuchertem Schweinefleisch
Salz
Schwarzer Pfeffer
100 g Spitzmorcheln
2 Schalotten
100 g Butter
Weißer Pfeffer
1 Bund Schnittlauch
2 Eigelbe
100 g geschälte Steckrübenstücke
8 ausgesuchte große Morcheln
¼ l Wildfond
5 Eßlöffel Erdnußöl
2 Eßlöffel Weinessig

Vorbereitungen:
Das Fleischstück in 8 gleichgroße Medaillons zerlegen, die sehr gut pariert werden müssen, die Ränder glätten, Taschen in die Medaillons schneiden.
Die Bauchspeckscheiben plattieren und auf einem Brett ausbreiten.
Den andern, den fetten Speck, fein würfeln und in einem Kasserol angehen lassen. Die Zwiebeln pellen und ebenfalls fein würfeln, zu den Speckwürfeln geben und glasig werden lassen. Die Linsen, die gewaschen und eventuell eine Nacht vorher eingeweicht wurden, zugeben, mit dem Fond aus geräuchertem Schweinefleisch auffüllen, wenig Salz, mehr schwarzen Pfeffer dazutun und das Kasserol bei 180° C in den Backofen stellen und die Linsen aufquellen lassen.
Die 100 g Spitzmorcheln in Stücke schneiden. Die Schalotten pellen und fein würfeln. Beide in einem Kasserol mit der Butter zusammen angehen lassen, vom Herd nehmen, mit Salz, dem weißen Pfeffer und dem geschnittenen Schnittlauch würzen, dann die Eigelbe unterziehen. Abkühlen lassen.
Die Steckrüben fein würfeln, in die Linsen mischen und noch 10 Minuten mitgaren lassen. Die Steckrübenwürfel sollen dabei ihren Biß behalten.

Zubereitung:
Das Morchelsalpikon etwa zu zwei Dritteln in die vorgeschnittenen kleinen Taschen der Wildschweinmedaillons füllen, jeweils mit einer der vorbereiteten Bauchspeckscheiben umlegen und diese fest andrücken.
Die ausgesuchten großen Morcheln in dem Wildfond 6 Minuten pochieren, dann abtropfen lassen und mit dem restlichen Morchelsalpikon füllen.
In einer Pfanne das Erdnußöl erwärmen und die gefüllten Medaillons rosa braten und warm stellen. Die heiße Pfanne mit dem Weinessig löschen, den Wildfond, in dem die Morcheln pochiert wurden, zugeben und auf Saucenqualität reduzieren.
Beim Anrichten auf jedem der vorgewärmten Teller einen Linsenhügel bilden, darauf jeweils zwei gefüllte Medaillons legen, auf denen immer zwei gefüllte Spitzmorcheln angeordnet werden. Zum Schluß mit dem reduzierten säuerlichen Fond nappieren.

Beilage: Gratin Dauphinois (Rezept Seite 107)
Wein: Haut-Médoc-Rotwein

ARMIN SCHERRER

Springbockantilopenfilet in feinen Kräutern, rosa gebraten, mit Treuschlingssauce und Püree von Erdartischocken

Filet d'antilope rôti à l'anglaise aux fines herbes sauce aux champignons sauvages purée de topinambours

Das Gericht ist weniger exotisch, als man auf den ersten Blick vielleicht annehmen könnte. Der Geschmack des Antilopenfleisches entspricht etwa dem unseres Hirsches. Antilopenfleisch stammt aus dem internationalen Wildhandel und wird auch in Deutschland in den größeren Wildgeschäften angeboten. Treuschlinge sind Waldpilze, und Erdartischocken, auch Topinambur genannt, eine amerikanische Sonnenblumenart, deren violette Knollen eßbar sind und einen nussigen Geschmack haben. Sie werden vor allem in Südfrankreich angebaut. Der Wert dieses Gerichtes liegt in der vollendeten Harmonie aller Komponenten.

Zutaten für 6 Portionen:

1 kg reines pariertes Filet vom Rücken der Antilope
Salz
Weißer Pfeffer
10 g Kerbelblätter
10 g glatte Petersilienblätter
3 g Salbeiblätter
5 g frische Wacholderbeeren
350–400 g Schweinsnetz
150 g Butter

Für die Sauce:

1,5 kg Antilopenknochen
500 g Mirepoix
¼ l Erdnußöl
¼ l Rotwein
¼ l milder bis süßer Weißwein
Salz
Schwarzer Pfeffer
10 Petersilienwurzeln
2 Tomaten
4 Zwiebeln

Für die Treuschlinge:

300 g Treuschlinge
2 Schalotten
80 g Butter
1 Eßlöffel Mehl
0,2 l frische Sahne
Salz
Weißer Pfeffer

Für die Erdartischocken:

500 g Erdartischocken (Topinambur)
Salz
100 g gesalzene Butter

Außerdem:

150 g Butter

Vorbereitungen:

Die Filets parieren und mit Salz und Pfeffer einreiben. Die Kerbel-, Petersilien- und Salbeiblätter sowie die Wacholderbeeren waschen, abtropfen lassen und mit dem Messer nicht zu fein zerschneiden. Die Filets von beiden Seiten mit den Kräutern umgeben und jedes Filet vorsichtig in ein Stück Schweinsnetz einwickeln, was geschieht, damit die Kräuter gleichmäßig an den Filets haften. Diese Pakete 1½ Stunden im Kühlhaus ruhen lassen.

Dann für die Herstellung der Sauce die Knochen zerschlagen. Das Mirepoix putzen und grob zerteilen. Beides in der halben Menge des Erdnußöls scharf angehen lassen, mit dem Rot- und Weißwein deglacieren, mit Salz und schwarzem Pfeffer würzen, die Petersilienwurzeln putzen, waschen, in kleine Rondelles schneiden und zufügen. Die Tomaten blanchieren, häuten, zerdrücken, zerkleinern und zugeben. Die Zwiebeln pellen und in dünne Scheiben schneiden. Noch ½ l heißes Wasser zugießen und 1 Stunde kochen lassen. Dann in ein anderes Kasserol passieren und auf die halbe Menge reduzieren.

Die Treuschlinge putzen und zerschneiden. Die Schalotten pellen und fein würfeln. In einem Kasserol die Butter zergehen lassen und die Schalotten zugeben. Wenn sie hellgelb geworden sind, die Pilze dazutun, 5 Minuten sautieren, mit dem Mehl bestäuben, mit der Sahne vermischen und kurz die Bindung abwarten. Dann mit Salz und weißem Pfeffer würzen.

Die Knollen der Erdartischocken in gesalzenem Wasser 20 Minuten kochen, dann schälen, durch ein Sieb streichen oder im Mixer pürieren. Dieses Püree in einem Kasserol mit der gesalzenen Butter schaumig montieren.

Zubereitung:
Die Filetpäckchen aus dem Kühlhaus holen. In einer Pfanne das restliche Erdnußöl und die Butter erwärmen, die Filets darin von beiden Seiten bräunen, dann die Pfanne bei 200° C in den Backofen stellen und die Filets 12 Minuten braten lassen.
Vor dem Anrichten die Filets noch 5 Minuten ruhen lassen, dann in dicke Scheiben aufschneiden. Auf den vorgewärmten Tellern jeweils einen Hügel aus Erdartischocken-Püree anrichten, darauf die Filetscheiben legen, die Pilze daneben geben. Die Sauce im Pfannensatz heiß werden lassen, eventuell noch einmal passieren und à part anrichten.

Beilagen: Wie oben angegeben
Wein: Côtes du Rhône-Rotwein

GÜNTER SCHERRER

Wachteln in der Schweinsblase mit Burgunderhonig

Cailles en vessie au miel de Bourgogne

Die Zusammensetzung der aromatischen Gemüse muß streng nach Vorschrift gehandhabt werden. Interessant ist der Akzent, der durch den Honig in dieses Rezept kommt. Wer keine Schweinsblase kaufen kann, könnte sich mit einem Pergamentpapier als Tasche behelfen.

Zutaten für 2 Portionen:
4 Wachteln
2 Schweinsblasen
50 g Butter
1 Möhre
1 Mittelstück von der Porreestange (Lauchstange)
1 Staudensellerie
1 dl Fond de volaille
1 dl halbtrockener Weißwein
Salz
Weißer Pfeffer
1 dl Crème fleurette
1 Eßlöffel Honig aus Burgund

Vorbereitungen:
Die Wachteln ausnehmen, auswaschen, im Sieb abtropfen, in die beiden Schweinsblasen paarweise eingeben. In einem Kasserol Butter zergehen lassen. Die Möhre, den Porree, den Sellerie putzen, waschen, en brunoise schneiden und in der Butter 2 Minuten angehen lassen, mit der halben Menge Fond de volaille, einem Eßlöffel Wein, Salz und dem weißen Pfeffer mischen, etwas reduzieren und mit in die Blasen einfüllen, in einem Topf mit Wasser 40 Minuten lang pochieren.

Zubereitung:
Die Blasen öffnen und die Wachteln herausnehmen. Die Sauce mit dem Wachtelfond stark reduzieren, mit dem restlichen Wein und dem restlichen Geflügelfond auffüllen, mit der Crème fleurette mischen, den Honig dazugeben, den Geschmack korrigieren.
Die Wachteln auslösen, auf vorgewärmten Tellern anrichten und mit der Sauce nappieren.

Beilagen: Pochierte und glacierte Lauchzwiebeln und tournierte Navets in Butter
Wein: Nuits St.-Georges

HENRI LÉVY

Wachteln mit Steinpilzrisotto gefüllt

Cailles farcies de risotto aux cèpes

Armin Scherrer verarbeitet Pilze besonders gern. Nach seiner schon berühmt gewordenen Kreation von Pilzgelee in einer gekochten Kartoffel (Abbildung Seite 30, Beschreibung Seite 39) erfand er nun eine Pilzfüllung für Wachteln. Wachteln und Steinpilze stammten beide früher aus dem Wald. Heute trifft das nur noch auf die Pilze zu, während die Wachteln heutzutage fast immer in Käfigen gezüchtet werden.

Zutaten für 4 Portionen:

8 Wachteln
4 Eßlöffel Olivenöl
1 Zwiebel
4 cl herber Weißwein

Für die Füllung:

1 Zwiebel
100 g Risottoreis
¼ l Hühnerfond
200 g geputzte Steinpilze
2 Eßlöffel geriebener Parmesan
Salz
Schwarzer Pfeffer
2 Eßlöffel geschnittener Schnittlauch

Ferner:

100 g Butter
4 Eßlöffel Olivenöl
4 Eßlöffel Glace de volaille
¼ l Crème fraîche

Vorbereitungen:
Die Wachteln bratfertig machen, vom Rücken her auslösen, die Karkassen herausziehen, nur Schlußknochen und Flügelknochen lassen. Die Karkassen zerschlagen, in einem ersten Kasserol mit der Hälfte des Olivenöls und der gepellten und fein gewürfelten Zwiebel anrösten, mit der Hälfte des Weißweines deglacieren, 50 Minuten kochen lassen, abseihen und den Fond weiter reduzieren bis zur Glace.
Für die Füllung die andere Hälfte des Olivenöls in einem zweiten Kasserol erwärmen, die Zwiebel pellen und fein würfeln, im Öl hellglasig angehen lassen, den Reis dazugeben, 1 Minute mitrösten, dann mit dem Hühnerfond aufgießen. Das Kasserol mit einem Deckel verschließen und den Reis im warmen Backofen oder am Herdrand 20 Minuten quellen lassen, so daß der Fond vollkommen aufgesogen ist. Die Steinpilze in erbsengroße Würfel schneiden, in Butter anschwitzen, in den Reis mischen und einige Minuten mitgaren lassen. Dann mit der anderen Hälfte des Weißweines, dem geriebenen Parmesan, Salz, schwarzem Pfeffer und Schnittlauch abschmecken und auf einem Blech oder anderem flachen Geschirr zum Auskühlen ausbreiten. Dann die Wachteln mit dem Steinpilzrisotto füllen und die Öffnungen zustecken, die Wachteln sollen dabei ihre ursprüngliche Form wiedergewinnen.

Zubereitung:
Eine breite Sauteuse mit der Butter ausstreichen, die gefüllten Wachteln einsetzen, im Backofen bei 180° C 10 Minuten lang braten, mit dem Olivenöl, der Glace de volaille sowie der Crème fraîche versetzen und damit einige Male die Oberfläche begießen. Die Wachteln auf vorgewärmten Tellern anrichten, den Fond, wenn nötig, reduzieren und die Wachteln damit nappieren.

Beilage: Kleiner Salat
Weine: Nuits St.-Georges oder Echezeaux

ARMIN SCHERRER

Wachtelbrüstchen mit Gemüsezwiebeln und Gurkensauce

Suprêmes de caille à l'oignon sauce aux concombres

Wachteln sind, weil sie heutzutage gezüchtet werden können, nicht mehr das rare Wildbret von einst. Dennoch versieht man sie meistens mit kostspieligen Zutaten, um das geringe Portionsgewicht zu erhöhen. Albert Bouley greift hier einmal zu einfacheren Zutaten, nämlich zu Gemüsezwiebeln, die eigentlich der spanischen Küche vorbehalten sind (sie werden dort zum Beispiel mit Schweinefleischfarcen gefüllt). Dies ist ein eigenwilliges, reizvolles Gericht.

Zutaten für 4 Portionen:

12 Wachteln
150 g Butter
4 große Gemüsezwiebeln
2 Schalotten
1 Bund Schnittlauch
Einige Tropfen Erdnußöl
1 Eßlöffel Traubenkernöl

Für die Sauce:

½ Salatgurke
⅛ l Sahnejoghurt
¼ l frische Sahne
Salz
Weißer Pfeffer

Für die Juliennes:

1 Möhre
¼ Sellerieknolle

Vorbereitungen:
Die Wachteln bratfertig machen, waschen, abtropfen, binden. In einem Sautoir die Butter aufschäumen lassen und die Wachteln darin absteifen. Dann jede Wachtel einzeln in Alufolie einschlagen und im Backofen bei 180°C in 12 Minuten rosa braten. In der Folie lassen und warm stellen. Nach 10 Minuten die Wachteln auswickeln und die Brüstchen auslösen, wobei die Haut abgezogen wird.
Die Zwiebeln pellen und entblättern. Knackig blanchieren und abkühlen lassen. Die Schalotten pellen und fein würfeln. Den Schnittlauch schneiden. Beide unter die Zwiebelblätter mischen, mit dem Erdnuß- sowie dem Traubenkernöl beträufeln und 2–3 Stunden marinieren. Für die Sauce die Gurke schälen, kleinschneiden, im Mixer mit dem Joghurt und der Sahne, mit Salz und weißem Pfeffer glattpürieren.

Zubereitung:
Für die Juliennes die Möhre und Sellerieknolle putzen und entsprechend fein schneiden. 5 Minuten blanchieren. Dann die Gemüsestreifen in die Gurkensauce einmischen. Eventuell weniger nehmen, damit die Sauce löffelfähig bleibt.
Zum Anrichten die Zwiebeln auf den Tellern wie ein Bett ausbreiten. Die Wachtelbrüstchen darauflegen und die kalte Gurkensauce darübergießen.

Beilage: Trüffelrösti
Wein: Trockener Kaiserstühler Weißherbst

ALBERT BOULEY

Wachtelsuppe mit Teigdeckel

Consommé de caille en surprise

Bild Seite 62

Die Elyssées-Trüffelsuppe von Paul Bocuse wird hier mit dieser Wachtelsuppe von Jörg und Dieter Müller variiert. Heutzutage gibt es Wachteln das ganze Jahr über, da sie vorwiegend aus Züchtereien stammen. Für eine Tasse Suppe braucht man eine ganze Wachtel, weil diese Geflügelart keinen so intensiven Eigengeschmack hat wie anderes Wildgeflügel und der Fond stark reduziert werden muß.

Zutaten für 4 Portionen:

4 Wachteln
3 Eßlöffel Erdnußöl
3/4 l Geflügelfond
1 kleines Bouquet garni
Salz
Weißer Pfeffer
1/2 dl mitteltrockener Sherry
1 Möhre
1/8 Sellerieknolle
2 Fenchelblätter
2 Staudensellerieblätter
8 Champignonköpfe
10 g Trüffeln
150 g Blätterteig
1 Eigelb

Vorbereitungen:
Die Wachteln bratfertig machen, die Brüste auslösen, glattschneiden, die Haut abziehen, das Wachtelfleisch beiseite legen.
Die Karkassen mit den Keulen kleinschlagen. Im Sautoir die Hälfte des angegebenen Erdnußöls erhitzen, die Karkassenknochen darin scharf angehen lassen, dann wieder abkühlen lassen. Den Geflügelfond angießen, mit dem Bouquet garni zum Siedepunkt bringen, dann am Herdrand 30 Minuten ziehen lassen. Langsam absetzen lassen und von oben klare Bouillon abschöpfen. Wenn dies nicht möglich ist, die Bouillon klären. Dann noch einmal durch die Etamine gießen, mit Salz, weißem Pfeffer und dem Sherry abschmecken. Die Möhre putzen, waschen, in Juliennes schneiden. Desgleichen den Sellerie, die Fenchel- und Staudensellerieblätter. Im Fond 5 Minuten garen. Die Champignons in Scheiben, die Trüffeln in Fäden schneiden. In einer Pfanne das restliche Erdnußöl erhitzen. Die Wachtelbrüstchen darin minutenschnell drehen.

Zubereitung:
Den Blätterteig messerrückendick ausrollen.
Große hitzebeständige Tassen oder irdene hochwandige Schalen zurechtstellen. An ihnen Maß nehmen und passende Blätterteigdeckel mit überstehenden Rändern ausschneiden. Die Wachtelbrüstchen auf den Boden der Tassen legen, die Suppe mit den Gemüsestreifen heiß darübergießen. Die Champignonscheiben und Trüffelfäden dazugeben. Das Eigelb verquirlen und damit die Ränder der Tassen oder Schalen einstreichen. Zum Schluß die Teigdeckel auf die Tassen (Schalen) legen, den Rand fest andrücken, 5 Minuten stehen lassen, dann im Backofen bei 200°C 10–12 Minuten lang backen, wobei die Oberfläche appetitlich bräunen soll. Der Teigdeckel wird, wie bei ähnlichen Gerichten, mitserviert und erst am Tisch abgelöst oder mit dem Löffel durchstochen.

JÖRG UND DIETER MÜLLER

Wachteln gefüllt mit Austern, auf Sockel von Champagnerkraut

Cailles farcies aux huîtres sur choucroûte au vin de Champagne

Günter Scherrer führt uns eine ungewöhnliche Novität vor: Austern und Jakobsmuscheln zusammen als Mus, mit Sahne in einen Wildvogel gefüllt und gebraten. Austern und Jakobsmuscheln ergeben nur ein bescheidenes Fumet, so daß die Zubereitung dieses Gerichts mit einem stärker schmeckenden Fleisch, wie beispielsweise dem von Gänsen, nicht möglich wäre. Die Füllung gibt natürliches Salz ab, weshalb keine zusätzliche Würzung erforderlich ist. Das feinsäuerliche Sauerkraut und die herbe Salbeisauce kontrastieren mit dem Geschmack der Wachteln, der Austern und der Jakobsmuscheln.

Zutaten für 6 Portionen:

6 Wachteln
Weißer Pfeffer

Für die Füllung:

4 Jakobsmuscheln
18 große Austern (Sorte Imperial)
0,2 l frische Sahne
Macis
Weißer Pfeffer

Für die Sauce:

500 g Mirepoix
100 g Butter
½ l Weißwein
2 Eßlöffel frische Salbeiblätter

Für das Champagnerkraut:

1 kg Sauerkraut
½ l Champagner

Vorbereitungen:
Die Wachteln bratfertig machen und hohl auslösen (die Schenkelknochen zurücklassen), innen mit weißem Pfeffer würzen.
Für die Füllung das Fleisch der Jakobsmuscheln auslösen, gründlich waschen, abtropfen und im Mixer pürieren. Das Corail nur grob zerschneiden. Die Austern öffnen, das Wasser auffangen und mit der Sahne in das Muschelpüree mischen. Die Austern ganz dazugeben und auch das geschnittene Corail. Mit Macis und weißem Pfeffer würzen. Die Wachteln mit dieser Farce füllen. Alufolienstücke, entsprechend der Wachtelgröße, zurechtschneiden und jede Wachtel jeweils fest in Folie einwickeln.
Für die Sauce die Karkassen zerschlagen. Das Mirepoix zerkleinern und zusammen mit der Butter anrösten, mit dem Weißwein deglacieren, eine Jus ziehen, passieren, reduzieren und zuletzt die geschnittenen Salbeiblätter hineinwerfen.
Für das Champagnerkraut das Sauerkraut mit dem Champagner zusammen 20 Minuten kochen und die Flüssigkeit dabei fast vollständig reduzieren.

Zubereitung:
Die Wachteln in ihren silbernen Hüllen 15 Minuten lang im Backofen bei 200° C braten. Dann 10 Minuten in der Folie ruhen lassen, anschließend die Wachteln auswickeln und jede Wachtel mit dem Champagnerkraut auf vorgewärmten Tellern anrichten. Mit der Sauce nappieren.

Beilage: Kartoffelpüree
Wein: Coteaux Champenois Rouge

GÜNTER SCHERRER

Wachtelpastete in der Kruste mit Gänselebern gefüllt

Pâté de caille au foie gras en croûte

Wachteln, deren leerer Bauch mit Gänseleber gefüllt ist, gehören schon fast zum gastronomischen Alltag. Nicht zuletzt, weil so gefüllte, rohe Wachteln von den Zulieferern bereits vorgefertigt angeboten werden. Als Backformen für Pasteten dieser Art empfehle ich die traditionelle Kastenform oder den »Rehrücken« mit dem runden Boden. Irdene Töpfe haben demgegenüber den Vorteil, daß sie die Hitze auf angenehme Weise speichern und gleichmäßig verteilen. Das schont insbesondere die hitzeempfindliche Gänsestopfleber, die das Fett nur bedingt halten kann.

Zutaten für 10–12 Portionen:

12 große Wachteln
250 g Gänsestopflebern
Salz
5 g weißer Pfeffer
2 cl Armagnac
5 cl Portwein
2 cl nicht zu trockener Sherry
Olivenöl
0,2 l Bordeaux-Rotwein
Etwas Geflügelfond (eventuell)
100 g schieres Kalbfleisch
250 g schieres Schweinefleisch
2 Eier
400 g ungesalzener Rückenspeck vom Schwein
20 g Trüffelwürfel
0,2 l Crème fraîche

Für den Teig:

600 g Mehl
15 g Salz
250 g Butter
1 Ei
50 g Madeira- oder Portweingelee (eventuell)

Vorbereitungen:

Wachteln ausnehmen, Lebern und Herzen beiseite legen. Die Vögel innen waschen, abtropfen lassen und mit Kreppapier trockentupfen. Jetzt vom Rücken her auslösen und die Brüste glattschneiden. Die größten 5 oder 6 Brüste aussondern.

Die Gänsestopflebern häuten, in der Mitte innen aufschneiden, die Kanäle herausziehen, von allen Seiten mit Salz und Pfeffer würzen, mit dem Armagnac, dem Portwein und dem Sherry beträufeln, wieder zusammendrücken, in eine Schale legen, mit einem Küchentuch bedecken und im Kühlschrank 6–8 Stunden marinieren.

Dazu die ausgesuchten Wachtelbrüste, ebenso behandelt, auch zum Marinieren in den Kühlschrank stellen.

Die Karkassen der Wachteln zerschlagen, Olivenöl in ein Sautoir geben, die Karkassen darin scharf anbraten, mit dem Bordeaux ablöschen, eventuell mit etwas Geflügelfond auffüllen, dann zur Hälfte einkochen, durch ein Tuch oder Spitzsieb passieren und solange einkochen, bis eine dickflüssige Glace entstanden ist. Diese zum Schluß entfetten, in eine Schale umfüllen und kühl stellen.

Die restlichen Wachtelbrüste und das Fleisch der Schenkelchen, falls es sich lohnt, zerschneiden. Dazu das Kalb- und Schweinefleisch geben. Alles gut parieren, dann zusammen mit den Lebern und Herzen der Wachteln, den Eiern zweimal durch die feinste Scheibe des Fleischwolfes drehen und kühl stellen. Den Rükkenspeck in dicke Stücke schneiden und ebenfalls zweimal durch die feinste Scheibe des Fleischwolfes treiben.

Zubereitung:

In einer Schale 1 kg Roheis zerschlagen und eine Rührschüssel hineinstellen. Die Fleischmasse und die Speckmasse darin mit einem Holzspatel gründlich miteinander verarbeiten. Jetzt die kaltgestellte Reduktion dazugeben, die abgesetzte Marinade von den Stopflebern und den Wachtelbrüsten, die Trüffelwürfel und die Crème fraîche hinzufügen, weiterhin alles auf dem Eis miteinander verarbeiten. Geschmack korrigieren.

Die marinierten Wachtelbrüstchen mit Küchenkreppapier leicht abtupfen und mit der Gänsestopfleber füllen. Wenn Leber übrigbleibt, diese in große Würfel zerschneiden und unter die vorbereitete Farce geben, dabei nicht zerdrücken!

Jetzt den Teig herstellen. Das Mehl sieben, salzen, die Butter kalt in Flocken einarbeiten, dazu die Mischung zwischen den flachen Handflächen solange zerreiben, bis kleine Perlen entstanden sind, jetzt 0,2 l lauwarmes Wasser zugießen, schnell zu einem Klumpen verkneten,

in Pergamentpapier einwickeln und im Kühlschrank 30 Minuten ruhen lassen. Dann auf bemehltem Brett dünn ausrollen, die Pastetenform mit etwas Butter ausstreichen, mit Mehl bepudern, den Teig hineinlegen, Ränder überstehen lassen, den Teig fest in die Form drücken (besonders in die Ecken), die so vorbereitete Form zur Hälfte mit Farce füllen, dann die gefüllten Wachteln waagerecht in die Mitte legen, etwas eindrücken, mit der restlichen Farce zustreichen, die überstehenden Teigränder nach innen schlagen, fest andrücken, eine »Decke« zurechtschneiden und darüberbreiten, deren Ränder nach innen in die Form stecken. Die Oberfläche des Deckels mit der Spitze eines Officemessers dekorieren, zwei »Kamine« einschneiden, Papierrollen hineinstecken und die Oberfläche mit verquirltem Ei bestreichen.
Im Backofen bei 180–200°C 60 Minuten backen. Sollte der Teig zu stark auftreiben, nach 20 Minuten die Ofenhitze auf 160° C zurückdrehen. Dann 5 Stunden auskühlen lassen. Wer mag, kann mit halbsteifem Madeira- oder Portweingelee durch die Kamine auffüllen. Dann muß die Pastete noch einmal 12 Stunden im Kühlhaus nachziehen.
Zum Anrichten die Pastete in Scheiben von 2 cm Dicke schneiden.

Beilagen: Kleiner Salat aus Frisé oder Löwenzahn, Maronenpüree
Wein: Roter Bordeaux-Schloßabzug

JÖRG UND DIETER MÜLLER

Perlhuhnbrust mit Steinpilzen

Suprême de pintadeau aux cèpes

Hier wird das Perlhuhn wie ein Wildgeflügel behandelt. Man könnte es leicht mit Fasan austauschen. Unbedingt sollte man die Saison der Steinpilze abwarten und nur kleine feste Exemplare kaufen, wenn man sie nicht selbst im Wald finden kann. Statt der Steinpilze kämen auch noch Morcheln in Frage oder Reizker, die aber leider immer mehr aussterben.

Zutaten für 4 Portionen:
4 Perlhuhnbrüste (2 Tiere)
Salz
Weißer Pfeffer
1½ Eßlöffel Mehl
100 g Butter
500 g frische Steinpilze
2 Schalotten
½ Knoblauchzehe
1 Prise getrockneter Thymian
2 cl Cognac
0,1 l Weißwein
0,2 l Crème fraîche

Vorbereitungen:
Die Bruststücke parieren und glattschneiden. Mit Salz und Pfeffer würzen und in Mehl gründlich wenden. Die Hälfte der Butter in einer Pfanne aufschäumen lassen und die Brustfilets darin schnell und mild anbraten. Dann zwischen zwei heißen Tellern warm stellen.
Die Steinpilze putzen, in mundgerechte Stücke schneiden. Die Schalotten pellen und fein würfeln. Die Knoblauchzehe pellen und fein zerreiben.

Zubereitung:
In einem Kasserol die restliche Butter zerlassen, die Schalottenwürfel und das Knoblauchmus darin angehen lassen, die Steinpilzstücke darauflegen und dünsten. Mit Salz und Pfeffer würzen, Thymian zugeben, Cognac und Weißwein zugießen, zum Schluß die Crème fraîche einrühren, kurz einkochen.
Zum Anrichten die Bruststücke auf den 4 vorgewärmten Tellern verteilen und mit der Sauce nappieren.

Beilagen: Pommes Sarladaises, Kleiner Salat
Wein: Rheingauer Riesling

JÖRG UND DIETER MÜLLER

Perlhuhnbrust »Hohenstaufen« mit Mandel-Pistazien-Farce

Sûpreme de pintade farci au massepain et aux pistaches

Diese aparte Verbindung zwischen Perlhuhn, Pistazien und Marzipan ist eine Schöpfung des Adlerwirts in Rastatt, Rudolf Katzenberger. Auch das Einwickeln ins Schweinsnetz ist seine Spezialität. Das Schweinsnetz, das ein Austrocknen des Fleisches in der Ofenhitze verhindert, hat keinen Eigengeschmack und zergeht vollständig in der Ofenhitze.
Frische Perlhühner sind auch auf deutschen Märkten zu haben.

Zutaten für 4 Portionen:

2 Perlhühner oder nur 4 Brüste, roh ausgelöst
Salz
Weißer Pfeffer

Für die Farce:

50 g Mandeln
50 g Pistazien
50 g Marzipan
1 Eiweiß
1 Zitrone
200 g Kalbfleisch
Salz
Weißer Pfeffer
1/8 l Sahne

Ferner:

1 großes oder 2 kleine Schweinsnetze
1/8 l Erdnußöl
4 Eßlöffel Demiglace
1/2 Orange

Vorbereitungen:
Die Perlhühner entbeinen, die Brüste sauber parieren, die Karkasse für Demiglace verwenden, die Keulen eventuell als Ballotines verarbeiten. Die Brüste auf beiden Seiten mit Salz und Pfeffer einreiben. Paarweise zusammenlassen. Die Mandeln blanchieren, trocknen, grob hacken. Die Pistazien abreiben, grob hacken. Das Marzipan mit dem Eiweiß und dem ausgepreßten Saft der Zitrone verrühren, dann die Mandel- und Pistaziensplitter unterheben.
Das Kalbfleisch von den Sehnen befreien, würfeln, mit Salz und weißem Pfeffer würzen, im Elektromixer mit 2–3 Würfeln Roheis und etwas Sahne zur Farce werden lassen, dann die gemischte Marzipanmasse zugeben. Mit der Hand darunterarbeiten.
Diese Farce jetzt zum Zusammensetzen der Brustpaare benutzen oder, wenn die Portionen zu groß werden sollten, auch die Brüste einzeln an der Knochenseite zwischen den Brustfilets aufschneiden und mit der Farce dick einstreichen. Die Farce damit aufbrauchen.
Das Schweinsnetz auf dem befeuchteten Tisch ausbreiten (damit es nicht festklebt), die farcierten Brüste auflegen und einzeln einschlagen. So können die Brüste als Mise-en-place liegen bleiben, wobei sie gewinnen. Bei größeren Mengen kann man sie einzeln in Folie verpackt im Kühlhaus aufbewahren.

Zubereitung:
Die Brüste mit dem Netz in einer schwarzen Pfanne mit dem Erdnußöl schonend bei mittlerer Hitze 20 Minuten braten. Wenden ist nicht nötig!
Zum Anrichten schräg tranchieren, das ergibt bis zu 10 Tranchen. Dann auf den vorgewärmten Tellern anrichten. Die Demiglace mit einigen Tropfen Orangensaft und etwas Orangenzeste beträufeln beziehungsweise würzen. Man kann eine Brust für 2 Portionen rechnen (natürlich je nach Größe).

Beilagen: Pro Portion 2 Apfelbeignets, je 2 dicke Scheiben Orangen, in der Pfanne mit Butter angewärmt und jeweils mit einer glacierten Marone bestückt
Wein: Kaiserstühler Traminer

RUDOLF KATZENBERGER

Rebhuhnbrüstchen mit Steinpilzsalat

Suprême de perdrix, salade de cèpes

Rebhühner haben die Küchenmeister aller Zeiten immer wieder zu neuen Kompositionen inspiriert, und so gibt es Hunderte von Zubereitungsarten des wilden Feldhuhns. Dabei wird häufig eine geschmackliche Verbindung mit Weinbeeren, also Beeren vom »Rebstock«, herbeigeführt. Wahrscheinlich trug auch dazu der Name »Rebhuhn« bei, der sich jedoch nicht von den Reben, sondern vom »Rep-rep-Ruf« des Wildvogels herleitet. Das Fleisch der Rebhühner, von denen man in der guten Küche eigentlich nur die Brüste ißt, braucht stets eine Begleitung von stärkeren geschmacklichen Partnern.

Zutaten für 2 Portionen:

2 Rebhühner
Salz
Weißer Pfeffer
2 Scheiben fetter ungeräucherter Speck, ca. 50 g
4 Eßlöffel Olivenöl
¼ l Burgunder Rotwein
300 g blaue Trauben
50 g Butter

Für den Salat:

250 g frische Steinpilze
2 Schalotten
30 g Butter
½ Tasse Sherryessig
3 Eßlöffel kaltgepreßtes Olivenöl
1 Bund Kerbel
Salz
Weißer Pfeffer
½ Zehe Knoblauch
Etwas Butter zum Montieren

Vorbereitungen:

Die Rebhühner rupfen und ausnehmen, wenn dies noch nicht beim Händler geschehen sein sollte. Die Keulen abschneiden und die Brüste vom Rückenknochen ablösen. Die Rücken- und Keulchenknochen kleinschlagen. Die Brustknochen jedoch nicht entfernen. Die Brüste salzen und pfeffern, jeweils in eine große dünne Speckscheibe wickeln und dann in der Pfanne 8 Minuten anbraten. Die Hitze dabei nicht zu stark werden lassen. Die Keulen und die Knochen blanchieren, dann abtropfen lassen, in einem Kasserol mit dem Olivenöl scharf anbraten, das überschüssige Fett abgießen, mit dem Burgunder aufgießen, ½ Tasse Wasser zufügen, 20 Minuten kochen, dann abseihen, wieder in dem Kasserol einige Minuten reduzieren. Die Trauben abzupfen und halbieren, die Kerne herausziehen und dann die Weinbeeren in der Butter anwärmen.

Für den Salat die Steinpilze putzen, falls nötig, kalt abspülen, in gleichmäßige und nicht zu dünne Scheiben schneiden, damit diese nicht sofort zerbrechen. Die Schalotten pellen und auch in Scheiben schneiden, in einem Kasserol mit der Butter glasig werden lassen, die Pilzscheiben daraufgeben und 30 Sekunden ziehen lassen, ohne daß sie zu weich werden. Schalotten und Steinpilze abkühlen. Die Marinade aus dem Sherryessig, dem Olivenöl, den grob zerzupften Kerbelblättchen, Salz, weißem Pfeffer und etwas geriebener Knoblauchzehe zusammenrühren. Schalotten und Pilze damit übergießen und eine Stunde durchziehen lassen.

Zubereitung:

Die Brüste aus den Speckscheiben wickeln und auf flachen Tellern dekorativ anrichten. Die Butter in kalten Flocken mit dem Schneebesen kräftig in die Sauce schlagen und über die Rebhuhnstücke gießen. Die Weinbeeren aus der warmen Butter nehmen und dazwischen legen.

Den Salat hügelartig neben den Rebhuhnbrüsten anrichten, wobei die Marinade so knapp bemessen sein soll, daß sie nicht auf dem Teller verläuft. Man kann auch die warmen Brüstchen auf einem Salathügel anrichten.

Beilage: Toast
Wein: Verrenberger Spätburgunder, trocken

LOTHAR EIERMANN

Schneehuhnmousse mit Ebereschenaspik

Mousse de poule de neige gelée de sorbier

Die Fleischmenge dieses nordischen Wildhuhns entspricht der eines Fasans. Die sonst üblichen Preiselbeeren als schon klassische Wildbeilage wurden bei diesem Gericht durch eingelegte Schattenmorellen und das seltene Aspik aus dem Saft der herben Ebereschen ersetzt. Und, statt daß man das Schneehuhn schmort, wird das Fleisch »englisch« angebraten und schonend zu einem delikaten Schaum verarbeitet.

Zutaten für 8 Portionen:

Für die Mousse:

3 Schneehühner
50 g Butter
100 g Gänsestopfleber
2 cl Sherry, medium dry
1 cl Fine Champagne
1 dl Velouté
1 dl Ebereschensaft
2 dl frische Sahne

Für das Ebereschenaspik:

2 kg Kalbsknochen
2 Möhren
1 Porreestange (Lauchstange)
1 große Zwiebel
1 Bund Petersilie
1 Bund Kerbel
Salz
Weißer Pfeffer
7 Blatt weiße Gelatine
Saft von 1 Zitrone
5 cl Ebereschen-Branntwein (Elsaß)

Vorbereitungen:

Für die Mousse die Brustfilets roh auslösen, die Haut abziehen. In einem Sautoir die Hälfte der Butter zergehen und die Brustfilets darin steif werden lassen. Nicht weiterbraten. Grob zerschneiden und zweimal durch die feinste Scheibe des Fleischwolfes drehen.

Die Gänsestopfleber enthäuten und durch ein Haarsieb streichen. Desgleichen die ausgelösten Schneehuhnbrüste, mit dem Sherry und dem Fine Champagne verfeinern. In eine hochwandige Schale umfüllen, diese in eine Schale mit grobgestoßenem Eis stellen und die Masse mit einem Holzspatel langsam gründlich glattrühren.

Die Velouté mit dem Ebereschensaft verrühren und die halbe Sahnenmenge unterziehen. Diese Mischung auf die Hälfte einkochen, abkühlen lassen und durch das Haarsieb streichen. Jetzt die Masse mit der Schneehuhnfarce verrühren und zuletzt die restliche Sahne steifschlagen und mit unterziehen. Die Mousse in eine kalt ausgespülte Form streichen, die Oberfläche glätten.

Zur Bereitung des Aspiks die Reste des ausgebeinten Schneehuhns kalt abspülen, mit den Kalbsknochen, den geputzten Möhren, dem geputzten Porree und der gepellten Zwiebel, alles geschnitten, der Petersilie, dem Kerbel, Salz und weißem Pfeffer, mit 2 l Wasser 2 Stunden lang bei mittlerer Hitze kochen. Dann den Fond in einen anderen Topf abpassieren.

Die Gelatineblätter lauwarm einweichen und in dem Fond auflösen. Jetzt den Fond durch ein Tuch gießen. Den Zitronensaft sowie den Ebereschen-Branntwein zufügen. Sollte der Aspik nicht klar sein, kann man mit Eiweiß klären.

Den Aspik auf Blutwärme abkühlen, dann auf die Oberfläche der Mousse in die Terrine streichen und den Aspik 12 Stunden lang im Kühlschrank stocken und abbinden lassen. Einen Teil des Aspiks getrennt zum Stocken bringen. Zum Anrichten die Mousse mit einem Eßlöffel portionsweise ausstechen und auf gekühlten Tellern anrichten. Das restliche Gelee feinhacken und mit auf den Tellern anrichten.

Beilagen: Pikant marinierte Sauerkirschen, Toast
Wein: Portwein

BERTOLD SIBER

Schnepfengalantine mit Gänsestopflebern und Trüffeln

Galantine de bécasse au foie gras truffé

Die »Pâté galant« der alten Zeit, also die »Galante Pastete«, weil sie so zierlich und kunstvoll zubereitet und leicht zu essen war, so recht was für galante Soupers, sie wurde bei uns zur »Galantine«. Die Herstellung ist nach wie vor Sache der Meister. Besonders solche verfeinerten Exemplare, wie diese aus Schnepfen, erfordern Sorgfalt in der handwerklichen Zusammenstellung und beim Backvorgang, der fast sekundengenau sein muß, wenn Saft und Färbung genau der Vorstellung entsprechen sollen. Galantinen werden sonst im Wasser pochiert.

Zutaten für 6 Portionen:

Für die Farce:

200 g Kalbfleisch
Salz
Weißer Pfeffer
2 Eßlöffel Trüffelsaft

Für die Galantine:

6 Schnepfen
Salz
500 g Gänsestopfleber
Weißer Pfeffer
40 g Trüffeln
120 g fetter ungeräucherter Speck in dünnen Scheiben zum Auslegen der Pastetenform
2 Schalotten
1 Messerspitze Majoran
1 Messerspitze gemahlenes Basilikum
30 g Butter
1 dl Cognac

Vorbereitungen:
Zuerst die Farce zubereiten. Dafür das Kalbfleisch würfeln, durch die feine Scheibe des Fleischwolfes drehen, dann mit 2 Würfeln Roheis, Salz und weißem Pfeffer im Elektromixer fein pürieren, herausnehmen, in einer Schale mit dem Trüffelsaft (première ébullition) vermischen und 30 Minuten zugedeckt im Kühlschrank ruhen lassen. Die Schnepfen bratfertig machen und innen salzen. In der Ofenpfanne 12 Minuten lang braten, so daß sie innen noch rosa sind. Dann so auslösen, daß man vom Rücken her auftrennt und die beiden Brüste zusammenhängend erhält.
Die Gänsestopflebern aufschneiden, jeweils die Kanäle herausziehen, die Schnittöffnung mit etwas Salz-Pfeffermischung würzen, wieder zusammendrücken und 30 Minuten in Pergamentpapier gewickelt im Kühlschrank ruhen lassen.
Die Trüffeln dünn schälen, wenn nicht schon geschält gekauft (pelée) und in Stäbe zerschneiden. Die Lebern aufklappen, die Trüffelstäbe aneinanderliegend hineindrücken und die Lebern wieder zusammenfalten, so daß die Trüffeln in der Mitte einen »Strang« bilden.
Die Pastetenform mit den Speckscheiben auslegen, darüber einen dünnen Strich Farce geben. Den »Schnepfendreck« fein hacken, die Schalotten würfeln, die Butter in einem Kasserol zerfließen lassen. Schnepfendreck und Schalotten zusammen mit dem Majoran, dem weißen Pfeffer und dem Basilikum in der Butter angehen lassen, mit dem Cognac flämmen, dann reduzieren und beiseite stellen.
Und so wird die Galantine aufgebaut: Auf die über die Speckscheiben gezogene Farce die Hälfte der mit dem Schnepfendreck bestrichenen Schnepfenbrüste in gerader Linie einlegen, darauf wieder Farce geben, dann den getrüffelten Strang Gänselebern daraufschichten, wieder Farce darüberstreichen, alles gut miteinander verbinden und, ohne Luftblasen entstehen zu lassen, einpacken. Sodann die zweite Schicht Schnepfen mit Schnepfendreck versehen und wieder Farce daraufgeben. Die Oberfläche glätten.

Zubereitung:
Den Backofen auf 250° C vorheizen, die Pastetenform hineinschieben, einen Topf mit Wasser neben die Form stellen. 50 Minuten garen, dann auskühlen lassen und im Kühlschrank mit einem Gewicht beschwert 12 Stunden durchkühlen lassen. Zum Anrichten die Galantine stürzen und in Scheiben von 1 cm Dicke tranchieren.

Beilagen: Toast, Gelee von Gewürztraminer in Dreiekke geschnitten
Wein: Badischer Bukettwein, wie Muskateller, Scheurebe oder Gewürztraminer

RUDOLF KATZENBERGER

Ringeltauben mit Steinpilzen

Palombes aux cèpes

Das Fleisch dieser Wildtauben bleibt dunkelrot, es muß immer saignant gebraten werden. Im Aussehen ähnelt es Hasenfilet. Die Pilze sollten frisch und klein sein, damit man sie nicht zu schneiden braucht. Die Knoblauchzehe wird nach dem Anbraten wieder herausgenommen, damit sie nicht zu stark durchschmeckt.

Zutaten für 2 Portionen:

150 g Steinpilze
60 g Butter
1 Knoblauchzehe
½ Bund Schnittlauch
½ Bund Petersilie
1 Schalotte

Zum Braten:

2 Ringeltauben
80 g Butter
Salz
Pfeffer
1 dl trockener Weißwein
1 dl heller Kalbsfond

Zum Montieren:

40 g Butter

Vorbereitungen:
Die Steinpilze putzen, soweit das bei den kleinen Exemplaren nötig ist, nicht waschen, in einem Kasserol mit der Butter kurz angehen lassen.
Die Knoblauchzehe pellen, aber ganz lassen und zusammen mit den Steinpilzen dünsten.
Schnittlauch und Petersilie schneiden und zu den Pilzen geben.
Die Schalotte pellen, fein würfeln und auch mit angehen lassen, die Knoblauchzehe wieder herausnehmen und einstweilen beiseite legen.
Die Tauben waschen, abtropfen lassen, mit der Steinpilzmasse füllen, die Öffnung mit einem Holz zustecken.

Zubereitung:
Die Butter in einem Sautoir zerlassen, die Tauben einlegen und im Backofen 10 Minuten bei schwacher Hitze (160–180° C) braten, dabei salzen und pfeffern, die Tauben wieder herausnehmen und in Alufolie eingewickelt warm stellen.
Das überschüssige Fett aus dem Sautoir abgießen. Den Satz mit dem Weißwein deglacieren, den Kalbsfond zugießen, durchkochen lassen, die Knoblauchzehe zugeben, im Mixer alles pürieren, dann die Butter in kalten Flocken hineinmontieren. Die Sauce als Spiegel auf die vorgewärmten Teller gießen. Die Taubenbrüste auswikkeln, in schräge dünne Scheiben aufschneiden und auf dem Saucenspiegel anrichten. Die Pilzfüllung aus den Tauben daneben häufeln.

Beilage: Glasierte Maronen
Wein: Médoc-Château

HENRI LÉVY

Wildtauben in Blätterteig und Entenlebern

Palombes sous cloche

Das Gericht ist auffallend einfach aufgebaut. Man sollte es nicht willkürlich erweitern und komplizierter machen. Anstelle von Wildtauben könnte man eventuell auch Bresser Zuchttauben nehmen. Es wäre sicher gut, für die Farce nur Taubenfleisch zu verwenden, aber etwas Kalbfleisch ist sicher gestattet, wenn die Portionsgewichte vergrößert werden sollen.

Zutaten für 4 Portionen:

4 Wildtauben
200 g Taubenfleisch
100 g Kalbfleisch
4 Eßlöffel Cognac
1 Schalotte
¼ l frische Sahne
Salz
Weißer Pfeffer
2 Eßlöffel Erdnußöl
500 g Blätterteig
400 g Entenstopfleber

Vorbereitungen:
Die Tauben völlig entbeinen. Die Brustfilets für später aufheben. Das restliche Fleisch, besonders die Keulchen, ebenfalls entbeinen und mit dem anderen Taubenfleisch und Kalbfleisch kleinschneiden. Im Mixer mit einer Hälfte des Cognacs, der gepellten und in kleine Würfel geschnittenen Schalotte, der Sahne, Salz und weißem Pfeffer pürieren. Dann auf einem kleinen Teller zugedeckt 30 Minuten im Kühlhaus ruhen lassen. Die Brustfilets mit der anderen Hälfte des Cognacs, Salz und Pfeffer einreiben, mit der halben Menge Erdnußöl begießen und 12 Stunden im Kühlhaus zugedeckt marinieren. In einem Kasserol das restliche Erdnußöl erwärmen, die Karkassen zerschlagen, in dem Öl angehen lassen, deglacieren und 40 Minuten kochen.
Durch ein Sieb passieren, in einem Kasserol reduzieren und abschmecken.

Zubereitung:
Den Blätterteig in eine rechteckige Platte etwa 3 mm dünn ausrollen. Daraus 4 gleiche runde Stücke von etwa 15 cm Durchmesser und 4 von etwa 20 cm Durchmesser ausstechen. Auf die kleineren 4 Rondelles etwas Farce streichen, dann die entsprechende Menge von Brustfilets aus der Marinade darauflegen, dazu ein Stück Entenleber geben und wieder mit Farce überziehen, so daß die Stücke fest eingebunden sind. Darauf jeweils das größere Blätterteigplätzchen als Deckel setzen. Die Ränder mit den verquirlten Eigelben bestreichen, fest andrücken, dann auch die Oberfläche gründlich mit den Eigelben überziehen und mit der Gabel mehrfach einstechen oder einen Kamin ausstanzen.
Beim Backen im Backofen auf genügend Unterhitze achten, damit die Bodenplatte der Cloche nicht speckig wird, sondern durchbäckt. In den ersten 5 Minuten soll die Backofenhitze 250°C betragen dann auf 180°C reduzieren und noch 20 Minuten weiterbacken. Sollte die Teigoberfläche zu stark bräunen, mit Pergamentpapier abdecken.
Die Blätterteigtörtchen auf die vorgewärmten Teller verteilen. Die Sauce à part reichen.

Beilagen: Broccolirosen, Gratin Dauphinois (Rezept Seite 107)
Wein: Médoc- oder Côte-de-Beaune-Rotwein

PATRICK JUVENETON

Oben: Warmer Kaninchensalat mit Trüffelvinaigrette. – Lapereau en salade à la vinaigrette truffée. Rezept Seite 22

Unten: Wachtelsuppe mit Teigdeckel. – Consommé de caille en surprise. Rezept Seite 52

Rechts: Wildentenbrust mit grünem Pfeffer und Preiselbeeren. – Aiguillettes de canard sauvage au poivre vert et aux airelles rouges. Rezept Seite 66

Jörg und Dieter Müller

Wildtaubenstücke in Wacholderbeeren paniert und gebraten, Steinhägersauce

Gaufrettes de palombe aux baies de Genièvre

Es gibt verschiedene Sorten von Wildtauben, die aber immer kleiner sind als die Zuchttauben. Die französischen Bresser Zuchttauben sind sogar so groß wie kleine Hühnchen. Wenn man Wildtauben zubereitet, rechnet man eigentlich immer zwei Tiere pro Portion. Jaap Klosse verwendet hier nur je eine Taube, als Suprême-Gericht. Es ist ein kochtechnisches Risiko, die getrockneten Wacholderbeeren als Panierbrösel mitzubraten; sie dürfen keinesfalls zu lange erhitzt werden.

Zutaten für 4 Portionen:

4 junge Wildtauben
12 Eßlöffel getrocknete Wacholderbeeren
1 Eiweiß (eventuell)
50 g Bratfett
½ Porreestange (Lauchstange)
40 g Möhren
40 g Sellerieknolle
40 g Zwiebeln
¼ Lorbeerblatt
Salz
Weißer Pfeffer
50 g Butter
1 Schnapsglas Steinhäger oder Genever

Vorbereitungen:
Die Tauben in rohem Zustand in Brüste und Keulen zerteilen.
Die Karkassen zerschneiden. Die Haut von den Brüsten und Keulen abziehen und zu den Karkassen geben.
Die Wacholderbeeren in einer Mühle zerkleinern und die Fleischteile damit panieren. Wenn die Wacholderbeeren abfallen sollten, das Fleisch zuerst in rohem verquirltem Eiweiß wenden, dann erst die Wacholderbrösel aufbringen. Die panierten Fleischstückchen ruhen lassen, damit das Wacholderaroma in das Fleisch eindringen kann.
Das Bratfett in eine Braisière geben und darin Karkassen und Haut rösten, das geschnittene Gemüse (Porree, Möhren, Sellerie, Zwiebeln, Lorbeerblatt) hinzufügen, mit Wasser auffüllen, salzen und pfeffern und 1 Stunde kochen lassen. Dann abseihen und den Fond in einem Kasserol erneut reduzieren.

Zubereitung:
In einer Pfanne die Butter erhitzen und zum Steigen bringen. Die Tauben darin etwa 10 Minuten so braten, daß die Stücke innen rosa bleiben.
Den Bratensatz mit dem Steinhäger oder Genever deglacieren, mit der reduzierten Brühe der Karkassen auffüllen und erneut auf Saucenkonsistenz bringen. Wer mag, kann mit kalten Butterflocken montieren.
Die Wildtaubenstücke auf den vorgewärmten Tellern anrichten und mit der Sauce nappieren.

Beilagen: Mangoldrippen in Butter gedünstet, sautierte Kartoffeln
Wein: Côte-de-Beaune-Rotwein

JAAP KLOSSE

Krickenten gebraten, in Zitronensauce mit karamelisierten Zitronenfilets

Sarcelles rôtis en sauce au citron et aux filets de citron caramelisés

Die kleinen, schmackhaften Krickenten, die meistens aus Schottland kommen, sind eine Rarität. Darum sind diese Wildenten auch teurer als andere ihrer Art. Henri Lévy rundet die Wildsaucen nach klassischer Art gern mit etwas Süßem ab.

Zutaten für 2 Portionen:

2 Krickenten
Salz
Weißer Pfeffer
2 ungespritzte Zitronen
30 g Traubenkernöl
5 g Zucker (1 Teelöffel)

Vorbereitungen:
Die kleinen Enten innen gründlich waschen, dann abtropfen lassen und abtrocknen. Innen mit dem Salz und dem weißen Pfeffer würzen. Ruhen lassen. Die Zitronen schälen und häuten, dann in Filets zerteilen, indem man immer entlang den Trennungswänden der einzelnen Scheiben schneidet, wie zu Fruchtsalat. Oder die Scheiben auseinanderreißen und die Häute einzeln abziehen. 4 dieser Filets zu Saft zerdrücken.

Zubereitung:
In einem Sautoir das Traubenkernöl erhitzen und die Enten darin goldbraun braten, so daß sie saignant bleiben. Die Enten dann in Alufolie packen und 10 Minuten ruhen lassen. Die Entenkarkassen zerschlagen und daraus einen Fond kochen. Den Bratensatz im Sautoir mit Zitronensaft deglacieren, einen halben Teelöffel Zucker dazugeben, den Entenfond zugießen und dann so stark reduzieren, daß eine nappierfähige Sauce daraus wird. Die Zitronenfilets in einer Plat russe mit 2 Eßlöffeln Wasser und dem restlichen Zucker eindampfen lassen, bis ein Sirup entsteht. Diese karamelisierten Filets in die Sauce geben und noch einmal aufkochen. Die Enten auslösen und in dünnen schrägen Scheiben auf den vorgewärmten Tellern anrichten. Mit der Sauce nappieren.

Beilage: Maispfannkuchen (Rezept Seite 116)
Wein: Haut-Médoc

HENRI LÉVY

Wildentenbrust aus der Knochenpresse

Aiguillettes de canard sauvage à la presse

Man hält die Bratzeit sehr kurz, damit die noch roten Knochen im Zusammenklang mit den würzenden Zutaten eine besondere Saucenqualität ergeben.

Zutaten für 2 Portionen:

2 Wildenten
Salz
Weißer Pfeffer
4 Eßlöffel Erdnußöl
2 Schalotten
5 cl Cognac
½ l Burgunder-Rotwein
60 g Gänseleber
50 g Butter

Vorbereitungen:
Die Wildenten rupfen, über einer offenen Flamme die feinen Haare absengen, die Enten ausnehmen, innen kalt ausspülen, abtropfen, mit Salz und Pfeffer einreiben. Den Backofen auf 180° C vorheizen und die Enten darin nicht länger als 15 Minuten rösch braten. Sofort herausnehmen, 5 Minuten ruhen lassen, dann mit einem Tranchelard die Brüste abheben, warm stellen.
Die Keulen und die Karkassen kleinschneiden und in der Entenpresse das Blut auffangen.
In einem Kasserol das Erdnußöl erhitzen, die Schalotten pellen, in kleine Würfel schneiden, zusammen mit den Flügeln, Hälsen und den anderen Abschnitten angehen lassen, mit dem Cognac und dem Rotwein deglacieren und 3 Minuten lang kochen. Dann durch eine Etamine gießen und wieder im Kasserol aufbewahren, dazu den Fond aus der Presse gießen.

Zubereitung:
Die Gänseleber durch ein Sieb streichen und zum Montieren der Sauce verwenden. Desgleichen die kalte Butter. Die Brüste ohne Haut in dünne Scheiben schneiden, einen Saucenspiegel auf die vorgewärmten Teller gießen, die Brüste darauf anrichten.

Beilagen: Apfelsalat, Gratin Dauphinois (Rezept Seite 107).
Wein: Côte de Nuits

EMILE JUNG

Wildentenbrust mit grünem Pfeffer und Preiselbeeren

Aiguillettes de canard sauvage au poivre vert et aux airelles rouges

Bild Seite 63

Hier wird eine besonders gute Geschmackskomposition mit relativ geringen Mitteln erzielt.
Das Gericht wäre auch als Braisé denkbar, sollte man ältere Wildenten verwenden müssen oder wollen. Ältere Tiere geben ja immer eine bessere Sauce als jüngere. Man könnte die Aiguillettes auch aus Wildgänsen zubereiten, die einen noch intensiveren Geschmack liefern als die Wildenten.

Zutaten für 4 Portionen:

2 Wildenten
6 Eßlöffel Erdnußöl
¼ l Rotwein
¼ l Kalbsfond
80 g Korinthen
Salz
Weißer Pfeffer

Für die Sauce:

4 cl Portwein
100 g Preiselbeeren
25 g Butter

Für die Garnitur:

4 kleine gekochte Möhren
8 Scheibchen gekochte Rote Bete
4 Schupfnudeln
8 Kroketten

Vorbereitungen:
Die Enten rupfen, ausnehmen, sengen, auswaschen, innen und außen mit Küchenkrepp trocknen. Keulen, Rückgrat und Flügel abtrennen. Diese Teile auf dem Block klein zerhacken und in einem Sautoir mit 4 Eßlöffeln des Erdnußöls scharf angehen lassen, mit dem Rotwein und dem Kalbsfond ablöschen, auf die halbe Menge einkochen lassen. Durch ein Spitzsieb streichen, dann in ein Kasserol gießen. Die Korinthen warm spülen, in die Sauce geben und am Herdrand quellen lassen. Die Entenbrust salzen und pfeffern, in einer Pfanne das restliche Erdnußöl erhitzen und die Entenbrust darin sehr kurz braten. Dann den Pfanneninhalt 6–8 Minuten bei 200° C im Backofen nachziehen lassen und sofort herausnehmen.

Zubereitung:
Die Brusthälften jetzt erst von den Knochen lösen. Das englisch gebratene, also rosa gebliebene Fleisch in längliche, nicht zu dünne Scheiben schneiden und auf den vorgewärmten Tellern anrichten. Den durch das Kochen der Knochen gewonnenen Fond mit dem beim Tranchieren entstandenen Fond versetzen, den Portwein zugießen, die Preiselbeeren ohne Flüssigkeit hineingeben, mit der Butter kurz montieren. Diese Sauce als Spiegel auf die vorgewärmten Teller gießen. Die Tranchen fächerförmig auflegen und die Gemüsegarnitur mit Schupfnudeln und Kroketten anrichten.

Beilage: Frische gewärmte Feigen
Wein: Beaujolais Village

Anmerkung:
Hier wird nur einfach von Wildenten gesprochen. Meistens sind das die »col-verts« genannten Arten, die wir auf den Binnenseen finden oder in den Parks der Großstädte, von den Spaziergängern mit Weißbrotbrocken gefüttert bis gemästet.
Es gibt aber noch eine ganze Reihe von anderen Sorten. Der Handel bietet sie je nach Vorrat, also unregelmäßig, an. Es gehören die in Israel gekreuzten Mollardenten dazu und natürlich die aus Südamerika nach Frankreich eingebürgerten Barbarieenten, die es zu einem fast schon etwas übertriebenen Ruhm gebracht haben. Man schätzt an den Wildenten vor allem die festfleischige beinah fettfreie Brust. Die Keulchen werden meistens zu Pastetenmasse verarbeitet.

JÖRG UND DIETER MÜLLER

Brüstchen von Flugenten mit Wiesenchampignons

Aiguillettes de col-verts aux mousserons des près

»Col-verts«, das sind die Erpel der Flugente, einer Kreuzung zwischen Hausente und Wildente. Flugenten haben gegenüber Wildenten den Vorteil, nie tranig zu schmecken, so daß man beim Einkauf kein Risiko eingeht.
Jean und Pierre Troisgros sind Meister der kulinarischen Harmonie. Das zeigt sich auch bei der hier beschriebenen Entendemiglace mit Entenleber, die mit Sahne und Gänseleber montiert wird.

Zutaten für 4 Portionen:

2 Flugenten
Salz
Weißer Pfeffer
50 g Gänseleber
2 Eßlöffel Gänsefett
½ Tasse Erdnußöl

Für die Glace:

500 g Mirepoix
½ Tasse Erdnußöl
2 Eßlöffel Cognac
½ l Rotwein
1 Tasse Demiglace aus Entenknochen
2 Schalotten
1 Kräutersträußchen
⅛ l Crème double
80 g Butter
500 g kleine geschlossene Champignonköpfe (Wiesenchampignons)
2 Eßlöffel gehackte Petersilie

Vorbereitungen:
Die Enten bratfertig ausnehmen und waschen, abtrocknen, innen mit Salz und weißem Pfeffer einreiben.
Die Entenlebern und die zusätzlichen Gänselebern durch ein feines Sieb streichen, mit dem Gänsefett vermischen. In ein Kasserol das Erdnußöl geben und die Enten darin im Backofen bei 200° C in etwa 20 Minuten knusprig braten. Dann eine Stunde ruhen lassen.
Zur Herstellung der Glace zunächst die Enten zerteilen: einerseits in Brustfilets mit Flügeln und Keulen, andererseits in Karkassen, Hälse und Keulenknochen. Karkassen, Hälse und Keulenknochen kleinhacken, in einem Sautoir zusammen mit dem Mirepoix im Erdnußöl braunrösten. Das überschüssige Fett abgießen und mit dem Cognac und dem Rotwein deglacieren. Die Demiglace, die geschälten geviertelten Schalotten und das Kräutersträußchen dazugeben, mit soviel Wasser mischen, daß die Knochen fast bedeckt sind. Eine Stunde lang kochen lassen. Durch ein feines Sieb gießen und in einem Kasserol auf Saucenkonsistenz reduzieren. Die Crème double zufügen und reduzieren. Die pürierten Lebern untermischen.

Zubereitung:
Die Haut von den Entenbrüstchen abziehen und die Brüstchen in Tranchen schneiden. In einer Pfanne die Hälfte der Butter zerfließen lassen und die Brüstchen darin saignant braten. Die Champignons putzen ohne zu waschen, in einem Sautoir mit der anderen Hälfte der Butter und der Petersilie sautieren.
Die Pilze in der Mitte der vorgewärmten Teller anrichten, die Filetscheiben außen herumlegen. Die Entenbrüstchen auf den Champignons anordnen. Die Hälfte der Sauce autour (also um die Filetscheiben herum) gießen, die andere Hälfte à part in Saucièren servieren.

Beilagen: Trüffelrösti, Kleiner Salat
Wein: Côte de Nuits

JEAN UND PIERRE TROISGROS

Wildgansbrust aus dem Ofen mit ihren Aromaten

Aiguillettes d'oies sauvages aux aromates

Wildgansgerichte sind bei den großen Köchen verhältnismäßig selten, da das Gansfett tranig schmecken kann. Dies ist vor allem bei älteren Tieren so, weshalb man nur junge Wildgänse kaufen sollte. Jaap Klosse unterstreicht den deftigen Geschmack der Wildgans durch kräftige Gewürzakzente: Senf und Portwein, ergänzt durch aromatische Gemüse. Man hätte sich aber vielleicht noch einige feinere Gewürze vorstellen können.

Zutaten für 4 Portionen:

½ l milder Rotwein
100 g Möhren
100 g Zwiebeln
200 g Porree (Lauch)
100 g Wirsingkohlblätter
2 Schalotten
800 g ausgelöste Brüste von Wildgänsen
Salz
Weißer Pfeffer
1 Eßlöffel Erdnußöl
50 g Butter
1/10 l roter Portwein
1/10 l Wildfond

Ferner:

2 Eßlöffel Butter
1 Eßlöffel milder Senf
50 g gehackte Petersilie

Vorbereitungen:
Den Rotwein in einem Kasserol auf die Hälfte reduzieren.
Alle Gemüse – also Möhren, Zwiebeln, Porree und Wirsingkohl – putzen, in Juliennes schneiden und im reduzierten Wein 5 Minuten lang pochieren. Dann herausnehmen und warm stellen.
Die Schalotten pellen und fein würfeln.

Zubereitung:
Die Wildgansbrüste salzen und pfeffern und mit dem Erdnußöl bestreichen. In einer schweren Eisenpfanne die Butter erhitzen und das Fleisch darin auf beiden Seiten erst scharf anbraten, dann etwas nachziehen lassen, doch innen englisch belassen. Das Fleisch herausnehmen. Die gewürfelten Schalotten in der gleichen Pfanne glasig werden lassen, überschüssiges Fett abgießen, mit dem Portwein löschen, den Wildfond zugießen, dann den reduzierten Rotwein und die Juliennes der Gemüse, mit Butterflocken leicht anschlagen, sowie den Senf zugeben, mit weißem Pfeffer den Geschmack korrigieren.
Die 4 vorgewärmten Teller mit einem Saucenspiegel ausgießen, die Filets in Tranchen in die Mitte der Teller, die Aromatenstreifen obenauf legen, mit der Petersilie bestreuen.

Beilage: Gratin Dauphinois
Wein: Côtes-du-Rhône-Rotwein

JAAP KLOSSE

Fasan mit getrüffelten Farcen

Suprême de poule faisane et ses godiveaux truffés

Das Wort Godiveau ist aus dem professionellen Sprachschatz so ziemlich verschwunden. Ältere Köche erinnern sich noch der Mühen, mit der die Fleischfarcen in steinernen Mörsern langsam feingerieben werden mußten. Die elektrischen Geräte haben die Zubereitung entsprechend erleichtert. Vielleicht hat man sich bei der früheren mühsamen Bereitung aber auch mehr Sorgfalt im Abschmecken geleistet.

Zutaten für 6 Portionen:

3 Fasanenhennen

Für die Farce:

2 Eiweiße
2 dl Crème fraîche
50 g gebürstete Trüffeln
¼ l heller Geflügelfond

Für die Sauce:

3 Eßlöffel Erdnußöl
1 Zwiebel
1 Möhre
2 Knoblauchzehen
Bouquet garni

Ferner:

Salz
Weißer Pfeffer
50 g Butter
1 Schalotte
8 cl Noilly Prat (Wermut)
15 cl trockener Weißwein
5 dl Crème fraîche

Vorbereitungen:
Die 6 Brüste der Fasanen von den Knochen ablösen, die Haut entfernen. Beiseite legen.
Für die Farce die Schenkel abschneiden, die Knochen herauslösen. Das Keulenfleisch sehr fein wiegen und durch ein Sieb streichen.
Die Eiweiße mit dem rohen Keulenfleisch der Crème fraîche und den Trüffeln im Elektromixer 4 Minuten lang pürieren. 2 Würfel Roheis dazugeben, damit die Farce nicht gerinnt.
Sodann den hellen Fond zum Kochen bringen.
Mit einem Mokkalöffel den Godiveau zu Quenelles formen und im heißen Fond fest werden lassen. Danach sofort vom Herd nehmen und ziehen lassen.
Für die Sauce die Fasanenkarkassen zerschlagen, mit dem Erdnußöl in der Braisière zusammen mit der gepellten und geviertelten Zwiebel, der geschälten und geschnittenen Möhre und den gepellten Knoblauchzehen braun angehen lassen, mit dem Geflügelfond der Quenelles deglacieren und zusammen mit dem Bouquet garni 30 Minuten kochen lassen. Dann durch ein Sieb in ein Kasserol gießen.

Zubereitung:
Nun die Brüste salzen, pfeffern und in einem Sautoir mit der Butter goldbraun auf den Punkt garen und warm stellen, ohne nachziehen zu lassen. Die Schalotte pellen, fein würfeln, im Sautoir mit einem Teil des Bratensatzes hellbraun werden lassen, mit dem französischen Wermut deglacieren, mit dem Wein und dem Fasanenfond aufgießen. 5 Minuten reduzieren, die Crème fraîche dazugeben und weiter reduzieren, bis zur Löffelprobe.
Die Sauce jetzt passieren, die Quenelles zufügen und sie wieder aufwärmen.
Zum Anrichten die Brüstchen paarweise jeweils in der Mitte der vorgewärmten Teller anrichten, die Quenelles daneben legen und mit der Sauce nappieren.

Beilagen: Blätterteig, Kleiner Salat
Wein: Elsässer Gewürztraminer

EMILE JUNG

Fasanen und Schnepfen nach alter Art

Faisanes et bécasses à la mode

Hier erscheinen zwei Wildgeflügelarten in natürlicher roter Sülze aus Kalbsfüßen und Wein, nach der klassischen Methode der Geleebereitung. Dazu kommt eine wohlausgewogene Menge von aromatischen Gemüsen. Erst diese ergeben die geschmackliche Harmonie. Das Wild wird übrigens hier einmal ohne Wacholderbeeren zubereitet.

Zutaten für 6 Portionen:

1 Fasanenhenne
2 Schnepfen
Salz
Weißer Pfeffer
2 Kalbsfüße
1 mittelgroße Möhre
2 Zweige Thymian
2 Stengel Staudensellerie
2 Lorbeerblätter
3 Knoblauchzehen
5 große Majoranblüten
2 Flaschen roter Burgunderwein

Außerdem für die Garnitur:

100 g tournierte Möhren
100 g tournierte Navets (Kohlrübchen)
100 g Streifen von Knollensellerie
100 g unzerschnittene grüne Bohnen
100 g kleine frische Champignonköpfe

Vorbereitungen:
Fasan und Schnepfen ausnehmen, rupfen, bratfertig machen, salzen und pfeffern, Kalbsfüße auslösen. Alles zusammen mit den gewaschenen Mirepoix-Gemüsen: der Möhre, dem Thymian, dem Staudensellerie, den Lorbeerblättern, den gepellten Knoblauchzehen und den Majoranblüten in einem bedeckten Topf kurz anbräunen. Dann mit soviel Rotwein aufgießen, daß der Topf halb gefüllt ist. Kurz schmoren lassen, bis die drei Fleischarten gar sind. Die Knochen herausziehen und das Fleisch in mundgerechte Stücke zerschneiden. Die Geflügelkarkassen zerschlagen und mit dem restlichen Wein auffüllen.

Zubereitung:
Den Schnepfendreck feinhacken und in die Sauce einrühren. Die Sauce dann auf nappierfähige Konsistenz reduzieren und durch ein Spitzsieb drücken. Die Würzung korrigieren. Die Garniturgemüse, wie Möhren, Navets, Knollensellerie, Bohnen und Champignons englisch kochen oder stark blanchieren, je nach Wachstum. Die Gemüse dann abgießen, mit den Geflügel- und Fleischstücken vermischen und zum Schluß mit der fertigen Sauce versetzen und durchschwenken. 5 Minuten lang ziehen lassen und jetzt die Würzung erneut kontrollieren. Dieses Gericht dann in eine Terrine schütten und 24 Stunden lang im Kühlraum erstarren lassen. Die Portionen werden mit dem Löffel ausgestochen und auf den Tellern angerichtet. Sie werden mit einer Sauce nach Wahl serviert.

Beilagen: Kleiner Salat und Gratin Dauphinois (Rezept Seite 107), Apfelrotkohl
Weine: Rotwein aus Burgund oder Beaujolais

PIERRE ROMEYER

Fasanenfilets in Weinblätter gewickelt

Paupiettes de faisan aux feuilles de vigne

Emile Jung nennt die Leber für dieses Gericht »foie de volaille blonde«, also helle Geflügelleber. Gemeint sind Lebern von Mastgeflügel, die von Poularden, Enten und Gänsen stammen können. Die normalen Lebern sind bekanntlich nur zum Braten geeignet. In diesem Rezept wird durch eine Mischung verschiedener Lebersorten ein besonderer Effekt erzielt. Dazu kommt der Wildgeschmack der abgehangenen Fasanenhennen.

Zutaten für 6 Portionen:

100 g fetter geräucherter Speck
1 Schalotte
1 Zweig Thymian
½ Lorbeerblatt
100 g gemischte Geflügellebern
2 cl Cognac
Salz
Weißer Pfeffer
3 Fasanenhennen
1,5 dl frische Sahne
50 g schwarze Trüffeln
12 große Weinblätter
6 Blatt Pergamentpapier
1 Eßlöffel Erdnußöl
1 Bund Mirepoix
5 cl Geflügelfond
Feiner schwarzer Pfeffer
50 g Butter

Vorbereitungen:
Den Speck gut vorkühlen und in mittelgroße Würfel schneiden. Die Schalotte pellen und fein würfeln. In einem Kasserol den Speck mit den Schalottenwürfeln angehen lassen, Thymian, Lorbeerblatt, Geflügellebern dazugeben, wieder angehen lassen, mit einem Schuß Cognac löschen, mit etwas Salz und Pfeffer würzen. Das Kasserol vom Feuer nehmen und den Inhalt abkühlen lassen.
Dann die Mischung durch ein Haarsieb streichen. Die Keulen der Fasanen auslösen, entbeinen, wiegen und ebenfalls durchpassieren. Dies geschieht dann noch einmal zusammen mit der Lebermischung, anschließend mit der Sahne montieren. Die Trüffeln wiegen und in die Farce einarbeiten. Die Brüste der Fasanen abheben und auf dem Block vorsichtig plattieren, damit sie nicht zerreißen. Die vorbereitete Farce daraufstreichen und jedes der kleinen Schnitzel aus den sechs Brüsten zu einer Tasche zusammenklappen.
Die Weinblätter 5 Minuten lang blanchieren, zum Abschrecken in kaltes Wasser legen, dann abtropfen lassen, je zwei Blätter zum Einwickeln der Brusttaschen benutzen. Fest andrücken. Gleichgroße – den Weinblättertaschen entsprechende – Pergamentpapierstükke schneiden und die Weinblättertaschen darin einwikkeln. Den Papierschluß festkneifen. Die so doppelt eingehüllten Fasanenfilets zum Abkühlen und Durchziehen in den Kühlschrank legen.

Zubereitung:
Backofen auf 160° C vorheizen. Etwas Erdnußöl in einer Braisière erwärmen, die eingewickelten Fasanenfilets einlegen. Das Mirepoix putzen, zerschneiden und zufügen. Die Karkassen der Fasanen zerschlagen und zugeben. Die Braisière in den Backofen schieben und den Inhalt 15 Minuten braten. Die Ofenhitze nicht ansteigen lassen. Den Knochenfond mit dem restlichen Cognac löschen, durch ein Sieb treiben. Die Filettaschen warm stellen. Den Knochenfond mit dem Geflügelfond auffüllen, mit dem schwarzen Pfeffer würzen, 5 Minuten lang reduzieren, entfetten, durch ein Haarsieb gießen, in einem Kasserol mit der Butter montieren und die Würzung korrigieren.
Die Fasanenfilets aus den Pergamenttaschen nehmen, auf vorgewärmten Tellern anrichten, mit der Sauce nappieren.

Beilage: Rapunzelsalat
Wein: Pinot Noir d'Alsace

EMILE JUNG

Fasanennavarin mit Gemüsen und Schwarten

Navarin de faisan aux légumes et pieds de cochon

Das Garen von Fisch oder Fleisch in einem gelatinösen Sud ist keine neue Sache. Der Vorteil dieses Verfahrens: Je dicker die Flüssigkeit ist, desto weniger kann von dem gekochten Stück in den Sud auslaugen. Die Gelatine schützt also das Kochgut. Unter Navarin versteht man ein geschmortes Ragout von schieren Fleischwürfeln, die meistens vom Lamm oder Hammel stammen. Hier wird der Begriff auf Fasanenbrüste übertragen, was ein wenig gegen die sprachlichen Spielregeln der Kochkunst verstößt.

Zutaten für 2 Portionen:

1 Fasan
Salz
Schwarzer Pfeffer
½ Tasse Olivenöl
50 g Butter
12 Champignonköpfe
150 g Möhren
100 g Kohlrüben (Navets)
½ dl Armagnac
1 Tasse Hühnerbrühe
1 Tasse Rotwein aus Burgund
1 Bouquet garni
1 Schweinsfuß
½ l Weißwein
1 Eßlöffel Essig
Salz
½ Lorbeerblatt

Ferner:

100 g Bauchfleisch vom Schwein, gesalzen und geräuchert
15 kleine Zwiebeln
1 Kartoffel
2 Tomaten
1 Knoblauchzehe
1 Teelöffel Salz
4 Eßlöffel Olivenöl

Vorbereitungen:
Den Fasan in 4 Teile portionieren.
Die Stücke mit Salz und schwarzem Pfeffer einreiben. In einem Sautoir Olivenöl und Butter zusammen erhitzen und die Stücke darin goldbraun braten.
Die Champignons putzen und unzerschnitten zufügen. Möglichst ungewaschen, wenn es geht. Die Möhren und die Navets tournieren und zugeben, zusammen weitere 5 Minuten dünsten.

Zubereitung:
Das überschüssige Fett weggießen, mit dem Armagnac deglacieren und diesen verdunsten lassen. Den Hühnerfond und den Rotwein dazugeben, das Bouquet garni zufügen und außerdem den Schweinsfuß (der gewaschen, gesengt und in Viertel aufgespalten, danach 6 Stunden im Weißwein unter Zugabe von Essig, Wasser, Salz und Lorbeerblatt gekocht wurde).
Das Bauchfleisch in 6 gleiche Stränge schneiden, die kleinen Zwiebeln pellen. Beides zusammen in einem Kasserol goldbraun werden lassen, dann in das Sautoir geben. Die Kartoffel schälen, waschen, fein würfeln und auch noch in das Sautoir tun. Das Sautoir jetzt in den auf 180°C vorgeheizten Backofen schieben und den Sautoirinhalt 20 Minuten lang garen.
Die Tomaten blanchieren, häuten, zerkleinern, ausdrücken. Die Knoblauchzehe pellen und zerschneiden. Tomaten und Knoblauch mit Salz und Olivenöl im Elektromixer pürieren.
Zum Anrichten die Fasanstücke aus dem Sautoir herausheben. Den Fond mit den pürierten Tomaten verfeinern, nicht mehr kochen. (Der Schweinsfuß soll zu einem anderen Gericht weiterverwendet werden und auch das Bauchfleisch. Man kann beide allerdings auch kleingeschnitten in dieses Gericht einziehen.)
Der Fasanennavarin wird in vorgewärmten Ragoutschalen oder in tiefen Tellern serviert, wobei zuerst der Fond auf den Schalen oder Tellern verteilt wird. Die Fasanenstücke werden obenauf gelegt.

Beilage: Baguettes
Wein: Badischer Ruländer

MICHEL GUÉRARD

Meine Fasanentorte mit Gewürztraminergelee

Tarte à la mousse de faisan gelée de Gewürztraminer

Die Fasanenmousse muß gut ausgekühlt sein, um schnittfest zu werden. Der Teigboden ist mehr ein Behelf, damit die wertvolle Mousse ihre Form bekommen und behalten kann. Der Boden wird blind gebacken und muß dann auskühlen.
Die Form des Bodens kann dem Anlaß, zu dem die Torte serviert werden soll, angepaßt werden.

Zutaten für 6 Portionen:

250 g Blätterteig
1 Ei
1 Fasan
50 g Butter
Salz
Weißer Pfeffer
1/8 l saure Sahne
1/4 l Crème fraîche
6 Blatt weiße Gelatine
6 Eßlöffel Portwein

Für das Gewürztraminergelee:

6 Blatt weiße Gelatine
1/2 l Gewürztraminer

Ferner:

100 g grüne und blaue Trauben
50 g geschälte Walnüsse (Kerne)

Vorbereitungen:
Den Blätterteig dünn ausrollen und den Boden einer Springform damit auslegen, wobei ein Rand überstehen soll. Das Ei verquirlen und den Teigboden damit einstreichen, eventuell beschweren und blindbacken.
Den Fasan so braten, daß die Brüste noch saftig sind, dann auslösen und die Brüste parieren und in dünne Längsscheiben aufschneiden. Beiseite stellen. Alles andere Fasanenfleisch im Mixer pürieren, würzen, mit der Sahne und der Crème fraîche aufziehen und mit der aufgelösten Gelatine und dem Portwein zu einer Mousse verrühren.
Für das Gewürztraminergelee die zweite Portion Gelatine quellen lassen, den Gewürztraminer erwärmen und die Gelatine in dem warmen Wein auflösen.
Die Trauben enthäuten, halbieren und entkernen.
Die Walnüsse blanchieren und die Häute abziehen.

Zubereitung:
Die inzwischen abgebundene Fasanenmousse etwa fingerdick auf den gebackenen Blätterteigboden auftragen. Die inzwischen erkalteten Tranchen der Fasanenbrust fächerartig auflegen. Den Rand der Torte mit halbierten Trauben und Nüssen dekorieren. Darüber etwas Traminergelee ziehen, damit Glanz entsteht. Das restliche Gelee in einer Tasse oder einer anderen Form erstarren lassen und in Würfel geschnitten als Beilage verwenden.
Die Torte soll 12 Stunden auskühlen.

Beilage: Walnußsahne (süße geschlagene Sahne mit gemahlenen Walnüssen vermischt)
Wein: Gewürztraminer

RUDOLF KATZENBERGER

Oben: Gänseleber unter der Cloche. – Foie gras sauté, sous cloche. Anmerkung Seite 83

Links: Masthuhnbrust gefüllt mit Mangos in Kokos paniert. – Suprêmes de poularde aux mangues et coco. Rezept Seite 83

Anton Mosimann

Fasanenhenne in Sahnesauce mit Chicorée

Poule faisane à la crème et aux chicons

Chicorée ist wegen seines leicht bitteren Geschmacks ein guter Kontrast zur Sahnesauce. Dieses Gericht ist im Vergleich zur sonstigen Chapelküche ungewohnt einfach. Ich möchte das Auslösen des Fleisches von der Karkasse empfehlen, auch wenn dadurch die Portion optisch kleiner erscheint.

Zutaten für 2 Portionen:

2 Fasanen
Salz
Weißer Pfeffer
100 g Butter
1 Eßlöffel Madeirawein
4 Chicoréestauden
2 Tassen Crème fraîche
Saft von 1 Zitrone

Vorbereitungen:
Die Fasanen nach klassischem Vorbild tranchieren und mit einer Mischung aus Salz und Pfeffer einreiben. In einem Kasserol die Butter zerlassen und die Stücke darin unter ständigem Wenden braun anbraten. Dann die Geflügelstücke herausstechen.

Zubereitung:
Den Bratensaft mit dem Madeirawein deglacieren und die geputzten, aber unzerschnittenen Chicoréestauden hineingeben. Sie sollen ebenfalls hellbraun angebraten werden. Nach 3 Minuten die Crème fraîche zugießen, das Gewürz korrigieren und den Zitronensaft beifügen. Die Fleischportionen gleichmäßig auf 2 vorgewärmte Teller verteilt anrichten und die jetzt erst geschnittenen Chicoréestauden dazugeben. Die Sauce passieren und zu gleichen Teilen über die auf den beiden Tellern angerichteten Portionen gießen.

Beilagen: Gratin Dauphinois mit Maronenpüree und Champignons
Wein: Hellrote Elsässer Spätlese

ALAIN CHAPEL

Bresser Taubenbrüstchen mit Ochsenmark in Rotwein

Suprême de pigeon à la moelle en sauce bourguignonne

Das Gericht gelingt auch ohne Taubenblut als natürlichem Bindemittel sehr gut.

Zutaten für 1 Portion:

1 Bresser Taube
Salz
Weißer Pfeffer
1 Eßlöffel gehackte Petersilienblätter
½ Eßlöffel gehackte Kerbelblätter
10 g Olivenöl
30 g halbgesalzene Butter
10 g Taubenblut (eventuell durch Schweineblut ergänzen)
5 cl Rotweinreduktion
10 g blanchiertes Ochsenmark

Vorbereitungen:
Die Brüstchen auslösen, in Salz und weißem Pfeffer, der Petersilie und dem Kerbel wenden und diese Gewürze und Kräuter auf dem Fleisch festdrücken. Die Keulchen und Karkassen zerschlagen, in einer Sauteuse angehen lassen, mit Wasser aufgießen, 40 Minuten lang kochen, durch ein feines Sieb gießen.

Zubereitung:
In einem Sautoir das Olivenöl erwärmen, die Hälfte der Butter dazugeben, die Taubenbrüstchen darin kurz absteifen oder die Taubenbrüstchen im Sautoir in den auf 180° C vorgeheizten Backofen schieben und 5 Minuten darin lassen. Dann die Taubenbrüstchen in Alufolie einwickeln und warm stellen, damit das Fleisch saignant bleibt. Das Fett abgießen, den Bratensatz mit der Rotweinreduktion löschen, mit der vorbereiteten Taubenjus auffüllen und auf eine Menge von etwa 5 cl reduzieren. Wer mag, kann das Blut zugeben und die Sauce mit der restlichen Butter montieren. Dabei darauf achten, daß die Sauce nicht über 80° C heiß werden darf.
Die Brüstchen schräg, sehr dünn, tranchieren und auf dem vorgewärmten Teller anrichten, das Ochsenmark daraufgeben, mit der Sauce nappieren.

Beilage: Trüffelrösti oder Trüffelpuffer
Wein: Santenay

GÜNTER SCHERRER

Bresser Junghuhn mit jungem Porree und Trüffeln in der Schweinsblase

Poulet de bresse, poireaux et truffes, en vessie

Die Schweinsblase, die hier verwendet wird, hat keinen geschmacklichen Eigenwert, sondern sie ist ein küchenphysikalisches Hilfsmittel, um das Gericht während des Kochens und Garens von der Luft abzuschließen. Alle Wert- und Aromastoffe bleiben so erhalten. Die Blase, die sich durch den Wasserdampf prall aufbläht, solange das Gericht ofenheiß ist, wird bei Tisch geöffnet, indem man hineinsticht und sie zerschneidet. Sie kann also nur einmal verwendet werden.

Zutaten für 2 Portionen:

1 Poulet de Bresse von 1 kg Gewicht
Salz
Weißer Pfeffer
3 Porreestangen (Lauchstangen)
1 mittelgroße frische Trüffel (etwa 25 g)
1 Schweinsblase vom Schlachter (Metzger)
100 g Butter
⅛ l Crème fraîche
3 Schalotten
¼ l trockener Weißwein
½ l Kalbsfond
4 Eßlöffel Madeirawein
2 Eigelbe
⅛ l Sahne

Vorbereitungen:
Das Poulet ausnehmen, innen waschen, abtropfen lassen, die Haut am Rücken aufschneiden und das Huhn von dort aus vollständig entbeinen, dann das Fleisch aufklappen, so daß es flach daliegt. Die kleinen Keulen aufschneiden und die Mittelknochen herausholen. Das Fleisch mit Salz und weißem Pfeffer würzen.
Die Porreestangen waschen, putzen, in Scheiben schneiden. Die Trüffel abbürsten und waschen, bis jede Spur von Erde verschwunden ist, dann mit einem besonders scharfen Messer dünn abschälen. Die Schweinsblase waschen, einige Stunden in Wasser einweichen, damit sie geschmeidig wird.

Zubereitung:
In einer Sauteuse in der Hälfte der Butter die Porreescheiben dünsten und – nachdem die Crème fraîche dazugegeben wurde – bei schwacher Hitze 2–3 Minuten ziehen lassen. Etwas salzen. Die Trüffel in hauchdünne Scheiben hobeln und zu den Porreescheiben mischen. Die Masse erkalten lassen und auf das entbeinte Poulet verteilen. Dann dieses so zusammenrollen, daß die Haut außen ist und das Poulet wieder seine ursprüngliche Gestalt erhält. Die Schnittstellen mit einem dünnen Faden zunähen. Die Schweinsblase nach dem Wässern und Weichen abtropfen lassen und das Huhn hineindrücken. Die Blase mit einem dicken Faden zubinden. Mit einer feinen Nadel einige Löcher in die Blase stechen, damit sie beim Garen nicht durch den Innendruck platzen kann.
Die Geflügelknochen feinhacken, die Schalotten pellen und in Scheiben schneiden, mit den Knochen in der anderen Hälfte der Butter in einem Topf anbraten, mit dem Weißwein und dem Kalbsfond löschen, 5 Minuten kräftig kochen lassen, durch ein Spitzsieb gießen und in einen hochwandigen Topf geben. Die gefüllte Schweinsblase hineinlegen und bei 60°C in etwa 50 Minuten garen. In den letzten 10 Minuten den Madeira zugeben.
Etwas Fond aus dem Topf in ein Kasserol schöpfen, reduzieren, die Eigelbe mit der Sahne in einem anderen Kasserol verquirlen und ganz langsam unter ständigem Rühren mit dem reduzierten Fond auffüllen. Nicht mehr kochen lassen. Die Trüffelschale kleinhacken, in die Sauce schütten, mit Salz und weißem Pfeffer abschmecken.
Jetzt die Blase öffnen, vorsichtig vom Huhn lösen, damit die Haut nicht aufreißt, die Nahtfäden vom Huhn entfernen. Dann das Fleisch in dicke Scheiben schneiden.
Auf die beiden vorgewärmten Teller die Sauce als Spiegel gießen, die Hühnerscheiben mit der Füllung darauf anrichten.

Beilagen: Feinste Erbsen in Butter gedünstet, gebutterte hausgemachte Nudeln
Wein: Verrenberger Verrenberg Silvaner trocken Kabinett

LOTHAR EIERMANN

Frikassee von Bressepoularden mit Broccoli, Lachskaviar und Kresseschaum

Poularde de bresse en fricassée au broccoli, caviar de saumon et mousseline de cresson

Bild Seite 86

Hier werden mit viel Phantasie Huhn, Gemüse und Fisch kombiniert. Dill, Kerbel und Brunnenkresse dürfen im Geschmack nicht dominieren, sollen aber dennoch deutliche Akzente setzen.

Zutaten für 2 Portionen:

1 Poularde von 1 kg
Salz
Weißer Pfeffer
100 g Butter
¼ l Aligoté
500 g Broccoli
1 Teelöffel Dillblätter
1 Messerspitze Muskatnuß
1 Teelöffel Kerbelblätter
Saft von 1 Zitrone
50 g Mirepoix geputzt
200 g Brunnenkresse
⅛ l Crème fraîche
1 Eigelb (eventuell)
120 g Lachskaviar

Vorbereitungen:
Die Poularde außen und innen salzen und pfeffern. In einem Sautoir in der Butter blond angehen lassen, in ein großes Stück Alufolie wickeln, nochmals 15 Minuten braten, dann den Aligoté in die Alufolie gießen, so daß abgelöscht wird und die Poularde 20 Minuten an einem warmen Ort ruhen lassen. Die Broccoli kochfertig putzen, in gesalzenem Wasser blanchieren, abtropfen lassen, in einem Sautoir mit Salz, Pfeffer, Dill, Muskatnuß, Kerbel, Butter und Zitronensaft marinieren. Das Mirepoix in Juliennes schneiden und blanchieren.

Zubereitung:
Die Broccoli und die Marinade zusammen erwärmen. Die Poularde aus der Alufolie nehmen, den Saft der Poularde mit dem Aligoté in einem Kasserol erhitzen. Die Poularde in 4 oder 6 Stücke tranchieren und auf Tellern oder einer Platte gefällig anrichten. Dazwischen die Broccoli legen. Die Brunnenkresse verlesen und im Mixer sehr fein pürieren. Dann diesen grünen Saft durch das feine Kräuterhaarsieb streichen.

Im Kasserol den Poulardenfond reduzieren, mit der Crème fraîche aufschlagen, den Kressesaft zugeben und diese Sauce schaumig werden lassen. Eventuell 1 Eigelb zufügen.
Die Sauce warm (ja nicht heiß!) werden lassen und nur über die Poulardenteile nappieren (die grünen Broccoli sollen der Farbe wegen nicht bedeckt werden). Den Lachskaviar obenauf geben.

Beilage: Trüffelreis
Wein: Condrieu

Anmerkung:
Die Zubereitungsformen der klassischen Küche werden heute relativ frei variiert. Aus dem Frikassee der traditionellen Version werden diese großen knochenlosen Teile auf dem Teller. Nicht geschnitten, wie es der Name eigentlich will. Auch die Gäste brauchen ihren gastronomischen Nachhilfeunterricht. Dabei ahnen sie kaum, daß sich nicht nur die Optik des Gerichtes geändert hat, also die Anrichteweise, sondern auch der Werdegang.
Dieses Gericht von Albert Bouley ist farblich wieder hervorragend abgestimmt. Alles schlicht in verschiedenen Grüns, von den Broccoli bis zur Kressesauce, dazu als einzige zweite Farbe nur das Orangerot der dicken Kaviarperlen. Diese sollten eigentlich in die Kressemousseline eingezogen werden, aber Albert Bouley fand es beim Fotografieren so doch besser und schöner. René Lauert, der Fotograf, auch.

ALBERT BOULEY

Gebeiztes Bresser Huhn mit Frühlingssalat

Poulet de bresse mariné à la salade printanière

Dies ist eine Vorspeise besonderer Art, die mit feinen Salaten in verschiedenen Zusammensetzungen serviert werden kann. Lothar Eiermann gibt der hier beschriebenen Form den Vorzug. Bei der Zubereitung des Huhns wird erstmals ein ungewöhnliches Verfahren angewendet, das sich übrigens nicht nur für Hühnerfleisch eignet: Erst nach dem Garen folgt das Marinieren, damit die Aromastoffe nicht so in das Fleisch eindringen können als dies beim Beizen des rohen Fleisches möglich wäre. Während des Marinierens sollte das Fleisch an einem kühlen Ort ruhen, am besten im Keller. Die starke Kälte des Kühlhauses würde den Effekt der trokkenen Marinade beeinträchtigen.

Zutaten für 4 Portionen:

1 Poulet de Bresse von 800 g Gewicht
Salz
Weißer Pfeffer
2 Eßlöffel Walnußöl
1 Eßlöffel grüne Pfefferkörner
2 Eßlöffel in dünne Scheiben geschnittener Porree
2 Schalotten
2 Eßlöffel Cognac
1 Schuß trockener Weißwein
1 Eßlöffel grob gehackte Kerbelblätter
1 Eßlöffel grob gehackte Estragonblätter
1 Teelöffel Blütenblätter vom Majoran

Für den Salat:

200 g feinste grüne Bohnen
50 g gebleichte, gezupfte Löwenzahnblätter
50 g gezupfte Brunnenkresse
100 g junge Lauchzwiebeln
1 Bund Kerbel
1 Bund Estragon
1 Eßlöffel gezupfte Basilikumblätter
Salz
1 Teelöffel weißer Pfeffer
4 Eßlöffel Sherryessig
3 Eßlöffel kaltgepreßtes Olivenöl

Vorbereitungen:
Die Hühnerbrüste herausschneiden und die Haut abziehen. Dann die Hühnerbrüste auf beiden Seiten mit Salz und weißem Pfeffer würzen. Die Ränder glattschneiden. Das Hühnchengerippe kleinschlagen und mit den Keulen in einem Kasserol in dem Walnußöl anbraten. Die grünen Pfefferkörner zufügen. Den Porree in dünne Scheiben schneiden. Die Schalotten pellen, feinhacken, beides zu den Gerippen geben. Wenn Porree und Schalotten glasig sind, mit dem Cognac begießen, durch eine Streichholzflamme entzünden und mit dem Wein wieder löschen. ½ Tasse Wasser dazugießen, kochen, nach 20 Minuten durchs Sieb tropfen lassen, Kerbel, Estragon und Majoranblüten dazugeben, kurz einkochen und dann abkühlen.
Für den Salat die Bohnen waschen und blanchieren, die Löwenzahnblätter und die Brunnenkresse waschen und zupfen. Die Lauchzwiebeln in feine Scheiben schneiden. Den Kerbel und den Estragon feinhacken, die Basilikumblätter zerzupfen.
Die inzwischen abgekühlte Marinade über die in einer Schüssel liegenden Hühnerbrüste gießen. Die Schüssel mit Pergamentpapier bedecken und die Hühnerbrüste 12 Stunden an einem kühlen Ort in der Marinade durchziehen lassen.

Zubereitung:
Die Hühnerbrüste schräg in dünne, längliche Scheiben schneiden und auf flachen Tellern halbkreisförmig anrichten. In der Mitte den Salat anordnen. Hierfür die Bohnen unzerbrochen vermischen mit Löwenzahn, Brunnenkresse, Lauchzwiebeln, Kerbel, Estragon, Basilikum und der Sauce aus Salz, weißem Pfeffer, Sherryessig und Olivenöl.

Beilage: Weißbrot
Wein: Elsässer Rotwein

LOTHAR EIERMANN

Gefüllte Hähnchenkeulen in Basilikum mit Flußkrebsen

Cuisses de poulets farcies au basilic et aux écrevisses

Berühmte Küchenchefs haben sich zu allen Zeiten Huhngerichte einfallen lassen. Besonders an den Fürstenhöfen wurden früher eigene Rezepte entwickelt und den Dienstherren gewidmet. Die Köche veröffentlichten auch damals bereits ihre Erfindungen in Büchern, aus denen die moderne Kochkunst ihr Wissen bezieht. Schon in diesen Werken finden sich Kombinationen zwischen Hühnern und Flußkrebsen. Lothar Eiermann stellt jedoch hier eine neue Schöpfung vor, bei der das aromatische Basilikum und die raffinierte Füllung bestimmend wirken.

Zutaten für 2 Portionen:

4 Hähnchenkeulen von je 100 g Gewicht

Für die Farce:

150 g schieres Kalbfleisch ohne Haut und Sehnen
50 g Gänsestopfleber
Salz
Weißer Pfeffer
⅛ l frische Sahne
1 kleine Trüffel (20 g)

Ferner:

7 lebendfrische Krebse

Für die Sauce:

3 Schalotten
50 g Butter
¼ l trockener Weißwein
⅛ l Bouillon
1 Eigelb
½ Tasse frische Basilikumblätter

Vorbereitungen:
Die Keulen in der Mitte aufschneiden und die Mittelknochen herausziehen. Stränge und Knorpel an den Enden glatt abschneiden. Die Keulen aufklappen und mit der Schnittfläche nach oben auf den Tisch legen.
Für die Farce das Kalbfleisch würfeln, mit 1 Tasse grob gebrochenem Roheis und der Gänsestopfleber im Elektromixer 3 Minuten pürieren, Salz und weißen Pfeffer dazugeben sowie die Hälfte der Sahne. Dann die Masse sofort in eine Schale umfüllen. Die Trüffel grob wiegen und mit hineinmischen. Die Farce dann mit einem Tafelmesser gleichmäßig auf die Innenseiten der Keulen aufstreichen, sie zuklappen und mit einem Faden zunähen.
Die Krebse in gesalzenem Wasser töten, nachziehen lassen, ausbrechen und die Krebsnasen aufbewahren.

Zubereitung:
Die Schalotten pellen und zerschneiden, in einem Kasserol mit der Butter glasig angehen lassen, Wein und Bouillon zugießen, nach dem Aufkochen die Keulen hineinlegen und 20 Minuten bei schwacher Hitze langsam garziehen lassen.
Dann die Keulen herausnehmen, abtropfen und warm stellen. Den Fond durch ein Sieb gießen, einige Minuten reduzieren. Die andere Hälfte der Sahne und das Eigelb verquirlen und die Sauce damit legieren. Das Basilikum waschen und im Elektromixer pürieren, in letzter Minute vor dem Anrichten unter die Sauce ziehen.
Die Keulen einmal aufschneiden, zusammen mit den warmen Krebsen und den Krebsnasen dekorativ auf den vorgewärmten Tellern anrichten und mit der Sauce nappieren.

Beilagen: Selleriepüree, Gratin Dauphinois (Rezept Seite 107)
Wein: Verrenberger Verrenberg Kerner Spätlese trocken

LOTHAR EIERMANN

Hühnchen in Weinessig mit geschmolzenen Tomaten

Poularde au vinaigre et aux tomates concassées

Bei den Sautégerichten à la minute kommt es auf die hohe Qualität der Rohstoffe und die schonende Garungsform an. Es darf nur wenig Fett genommen werden, das nicht zu heiß werden darf. Besonders in der französischen Küche ist es üblich, das Fett bei Sautégerichten – es ist meist Butter – nach dem Anprellen des Fleisches einfach wegzugießen. Auch der Zeitpunkt des Deglacierens und die Garzeit danach sind wesentlich. Wenn es keine Bresser Poularde gibt, muß es die nächstbeste Hühnerqualität sein.

Zutaten für 4 Portionen:

1 Bresser Poularde von etwa 1,5 kg Gewicht
100 g Butter
Salz
Weißer Pfeffer
1 Knoblauchzehe
1 dl Weißweinessig mit Estragongeschmack
1 dl Weißwein

Für das Concassé:

600 g Tomaten
1 Schalotte
50 g Butter
Salz
Weißer Pfeffer
½ Teelöffel getrockneter Thymian

Vorbereitungen:
Die Poularde roh in vier Portionen zerteilen. Dabei die hauptsächlichen Karkassenknochen zurücklassen, die Portionen glattparieren.
In einem Sautoir die Hälfte der Butter zerlassen, die Huhnstücke mit der Hautseite nach unten einlegen, mit Salz und weißem Pfeffer würzen. Die Knoblauchzehe ungeschält dazugeben. Nach 6–8 Minuten mit dem Weinessig und dem Weißwein deglacieren. Die Tomaten blanchieren, die Häute abziehen, halbieren, die Kerne mit dem Saft ausdrücken, die Tomatenhälften grob zerschneiden. Die Schalotte pellen und fein würfeln. In einem Kasserol die Butter zerlassen, die Schalottenwürfel darin glasig werden lassen, die Tomatenstücke dazugeben, mit Salz und weißem Pfeffer würzen, Thymianblättchen zufügen, musig einkochen.

Zubereitung:
Das Tomatenconcassée in das Sautoir mit den Poulardenstücken geben und zusammen 20 Minuten ziehen lassen. Die Poulardenstücke herausnehmen und den Kochfond, der durch die Zugabe von Essig und Wein leicht säuerlich ist und bleiben soll – also nicht mit Zukker abstumpfen! – durch ein Haarsieb streichen. In einem Kasserol mit der anderen Hälfte der Butter montieren und die Poulardenstücke damit nappieren.

Beilagen: Schmale Bandnudeln, bißfest gekocht, in Butter und etwas Crème geschwenkt, Broccoli
Wein: Badischer Ruländer

FRANZ KELLER JR.

Küken und Hummer auf Porree

Poussin et homard sur poireau

Die Verbindung von Krustentieren mit Geflügel hat die Kochkünstler zu allen Zeiten immer wieder gereizt. Tatsächlich müssen dabei die Grenzen beider so unterschiedlicher Materialien genau beachtet werden. Es darf keine Geschmacks-»Verlierer« geben. Der weiße Portwein ist nur empfohlen, um das Gericht farblich nicht zu belasten.

Zutaten für 4 Portionen:

4 frische Stubenküken
Salz für das Kochwasser
2 Hummer, lebend à 500 g
20 g Hummerbutter
2 Fleischtomaten
4 cl Sherry
4 cl weißer Portwein
0,2 l Champagner
1½ l Geflügelfond
500 g Porree (Lauch)
100 g Butter
Salz
Weißer Pfeffer
8 g schwarze Trüffeln

Vorbereitungen:
Die Küken ausnehmen, sengen, waschen, trockentupfen. Dann Wasser in einem Topf mit Salz zum Kochen bringen, die Hummer kopfüber eintauchen und 5 Minuten kochen, dann den Topf vom Herd nehmen und die Hummer 3 Minuten ziehen lassen. Schwanz und Scheren ausbrechen, aufschlagen, abziehen. Die Hummer warm stellen. Die Karkassen der Hummer zerschneiden und in einem Mörser oder einem ähnlichen starkwandigen Topf zerdrücken und reiben. Dann in der Hummerbutter in einem Kasserol leicht angehen lassen, so daß sich das Aroma verdichtet.
Die Tomaten blanchieren, häuten, zerschneiden, ausdrücken, würfeln und in das Hummermus mischen, Sherry, Portwein und die eine Hälfte des Champagners dazugeben, auf ein Viertel einkochen, ½ l des Geflügelfonds dazugießen und wieder 10 Minuten einkochen lassen.
Den Porree an beiden Seiten kürzen, dann die äußeren Schalen entfernen, den Sand gründlich herauswaschen, den Porree in Stücke von 4 cm Länge schneiden, blanchieren, in Eiswasser abkühlen, dann auf einem Sieb abtropfen lassen.

Zubereitung:
In einem Kasserol die Hälfte der Butter zerlassen und die Porreestücke darauflegen, mit Salz und Pfeffer würzen. Die Küken in dem restlichen Geflügelfond 8 Minuten lang pochieren, Brust und Keulen abtrennen und auslösen.
Den früher reduzierten Fond mit dem eben hergestellten Fond vermischen, auf ein Viertel reduzieren, so daß etwa ¼ l Sauce entsteht. Mit Pfeffer nachschmecken, die andere Hälfte des Champagners zugießen und mit der restlichen Butter montieren, so daß der Fond sämig wird.
Zum Anrichten die Kükenstücke auf den Porree legen, die Hummerscheren und die zu Medaillons geschnittenen Hummerschwänze dazwischen geben. Mit der Sauce nappieren. Mit Trüffelstreifen bestreuen.

Beilage: Gratin Dauphinois (Rezept Seite 107)
Weine: Pouilly Fuissé oder Mâcon

JÖRG UND DIETER MÜLLER

Masthuhnbrust gefüllt mit Mangos in Kokos paniert

Suprêmes de poularde aux mangues et coco

Bild Seite 74

Kokosflocken gehören eigentlich nicht ins Repertoire der feinen mitteleuropäischen Küche, sondern sie sind eine typische Zutat asiatischer Gerichte. Hier jedoch macht Chef Mosimann eine Ausnahme und schafft eine Geschmacksverbindung zwischen Kokosflocken und frischen Mangofrüchten. Die als Sockel empfohlenen Gemüse gehören mit zur geschmacklichen Komposition, sind also nicht als Beilage zu betrachten.

Zutaten für 4 Portionen:

2 Poularden
Salz
Rosenpaprika
Weißer Pfeffer
2 Mangofrüchte
50 g weiße Kokosflocken
50 g Mie de pain
150 g Möhren
150 g Zucchini
150 g Butter
1 Teelöffel Selleriesalz
2 Eßlöffel Glace de viande
5 Eßlöffel gehackte Petersilie

Vorbereitungen:
Die Poularden auslösen und die Brüste kurz parieren. Dann der Länge nach so aufschneiden, daß eine Tasche entsteht. Diese mit Salz, Rosenpaprika und weißem Pfeffer würzen. Die Mangofrüchte schälen, dann das Fleisch vom dicken Kern in langen Locken ablösen und in die Poulardenbrusttaschen einlegen, bis alles verbraucht ist.
Die Kokosflocken mit dem Mie de pain vermischen und die befeuchteten Brüste damit reichlich panieren. Fest andrücken und den Überschuß abklopfen, weil der sonst später in der Butter verbrennt.
Die Möhren putzen, waschen und ebenso wie die ungeschälten Zucchini in Juliennes schneiden, in gesalzenem Wasser blanchieren, dann auf einem Sieb gründlich abtropfen lassen.

Zubereitung:
Die halbe Buttermenge in einem Sautoir zum Steigen bringen und die panierten Brüste darin goldgelb braten. Nicht zu stark erhitzen, damit die Brüste durchbraten können, bevor die Panierung zu dunkel wird.
Die andere Hälfte der Butter in einem zweiten Sautoir erhitzen und die Möhren- und Zucchinistreifen darin kurz angehen lassen, jedoch nicht zu stark sautieren. Mit Selleriesalz, Glace de viande und Petersilie würzen.
Zum Anrichten die goldbraun gebratenen gefüllten Brüste aufschneiden und auf eine Platte fächerförmig legen. Die Gemüse kommen hügelartig angeordnet daneben.

Beilage: Gratin Dauphinois (Rezept Seite 107)
Wein: Elsässer Edelzwicker

Anmerkung zum Bild Seite 75:
»Gänseleber unter der Cloche« ist ein Gericht für die Liebhaber reiner unverfälschter Gänsestopfleber. Dazu ein dickes Mittelstück herausschneiden und dieses parieren. Dann mit Pastetensalz (fertig im Handel) und mit einigen Tropfen Madeirawein und Cognac oder Weinbrand im Kühlschrank einen Tag lang würzen. Bei kleiner Hitze in der Pfanne mit sehr wenig Butter auf beiden Seiten 2–4 Minuten lang braten. Mit Tomates concassées und gehackter Petersilie bestreut, unter der Cloche (auf unserem Bild ist sie aus Glas) 5 Minuten nachziehen lassen. Dann mit zwei Pfirsichspalten à part servieren.

ANTON MOSIMANN

Hühnerfleisch zu Klößen geschäumt

Quenelles de volaille mousseline

Paul Bocuse bleibt auch bei diesem kompliziert klingendem Gericht seiner Devise treu, Rohstoffe der Region mit artverwandten Zutaten zu landschaftstypischen Gerichten zu verarbeiten.

Zutaten für 4 Portionen:

800 g Poulardenfleisch
2 Eiweiße
Salz
¾ l Crème double

Für das Pochierwasser:

Salz

Vorbereitungen:
Die Poularde entbeinen, die Haut sowie alle Knorpel von den Knochenenden entfernen, so daß nur das schiere, sehnenfreie weiße Huhnfleisch bleibt. Dieses in Würfel schneiden und zweimal durch den Fleischwolf (feinste Scheibe!) drehen. Dann im Elektromixer mit 4 Würfeln Roheis fein pürieren. Dabei die Eiweiße und das Salz dazugeben, das dadurch fein verteilt wird. Dieses Mus durch das Haarsieb streichen, in einer Schale sammeln, einen Deckel darauflegen, 2 Stunden kühl stellen.

Zubereitung:
Diese Masse mit dem Spatel luftig umrühren und aufarbeiten. Die Crème double 10 Minuten in den Tiefkühler stellen, damit sie noch dicker wird, sie dann in kleinen Mengen in das Mus einarbeiten, das dabei immer weiter mit dem Spatel (nicht mit dem Schneebesen!) schaumig geschlagen wird. Wenn die Küche zu warm ist, die Rührschale besser in eine zweite Schale mit gestoßenem Roheis stellen. Sobald die Masse glatt, glänzend und satt ist, mit einem großen Löffel Quenelles abstechen, in leicht sprudelndem, mit Salz versehenem Pochierwasser garziehen und danach in kaltem Wasser auskühlen lassen. Mit dem Schaumlöffel herausholen und in Saucen oder Suppen servieren.

Verwendung in: Sauce Nantua, Hollandaise, Maltaise und Crème à l'oseille, zu Spargelspitzen
Weine: Mosel-Riesling oder Rheingauer Kabinett

PAUL BOCUSE

Poulardenfrikassee in Paprikarahmsauce mit Paprikaschoten und Gurken

Fricassée de poularde au paprika et concombre à la sauce crème

Kein extravagantes, jedoch ein sehr gutes Gericht, zu dem hausgemachte Nudeln passen. Die Zutaten werden folgerichtig miteinander verbunden und zubereitet, wobei man unbedingt eine Poularde aus Bresse verwenden sollte. Wer sich zum Kauf eines solchen stolzen Huhns nicht entschließen kann und dafür Ersatzlösungen anstrebt, sollte sich später nicht über die dadurch sicher beeinträchtigte Geschmacksqualität beklagen.

Zutaten für 4–6 Portionen:

1 Poularde (Masthuhn), von etwa 1,6 kg Gewicht, möglichst aus der Bresse
Salz
Weißer Pfeffer
4 Fleischtomaten
5 Schalotten
100 g geräucherter Bauchspeck
Je eine Schote roter und grüner Paprika
2 Gurken
1 Zweig Estragon
1 kleine Möhre
100 g Staudensellerie
2 dl Weißwein
¼ l Crème fraîche
¼ l süße Sahne
1 Eßlöffel Erdnußöl
1 Thymianzweig
2 Knoblauchzehen
3 Teelöffel edelsüßes Paprikapulver
1 Teelöffel Rosenpaprika
4 cl Cognac

Vorbereitungen:
Das Huhn auf offener Flamme flämmen (sengen), ausnehmen, kalt abspülen, in Portionsstücke zerschneiden, salzen und pfeffern.
Die Karkasse und das Fett zerkleinern.
Die Tomaten blanchieren, häuten, ausdrücken und fein würfeln.
4 Schalotten sehr fein würfeln, die 5. Schalotte noch übriglassen.
Den geräucherten Bauchspeck von der Schwarte abziehen und fein würfeln. Die Knorpel herausschneiden.

Die Gurken schälen und mit dem Parisiennes-Ausstecher in runde oder mit dem Officemesser in olivenförmige Stücke tournieren. In gesalzenem Wasser blanchieren. Das Wasser abgießen.
Die Paprikaschoten halbieren, kalt abspülen und die Kerne herauswaschen, mit der glatten Seite nach oben auf einem Blech unter den Salamander legen, dann die Schotenhaut abziehen und die leeren Schotenhälften in Würfel von etwa 1 cm Kantenlänge schneiden.
Die Estragonblätter abzupfen und nicht zu fein hacken.
Die Möhre putzen und in dünne Scheiben schneiden.
Den Staudensellerie putzen und die 5. Schalotte pellen, aus beiden Gemüsen ebenfalls Scheiben herstellen.
Für die Sahnesauce in einem Sautoir das Hühnerfett auslassen, die gehackten Knochen der Karkasse daraufgeben und ohne daß sie Farbe bekommen, angehen lassen, die Möhrenscheiben und die Scheiben von Staudensellerie und Schalotte hinzufügen, 5 Minuten dünsten, dann das überschüssige Fett weggießen. Etwas vom Weißwein nehmen und den Topfinhalt damit deglacieren. Einige Male mit Wasser löschen und immer wieder völlig reduzieren, etwa 20 Minuten lang. Wenn es nötig erscheint, nochmals Fett abschütten. Crème fraîche und süße Sahne zufügen, aufkochen und ziehen lassen. Danach diese Sauce über die angebratenen Hühnerstücke gießen.
In einer Pfanne das Erdnußöl zerlaufen lassen, die zerteilten Geflügelstücke einlegen, den Thymian und die geschälten beiden Knoblauchzehen hinzutun. In den Backofen schieben und bei 225° C auf beiden Seiten in etwa 25 Minuten goldbraun braten.
In einem Sautoir die Speckwürfel kroß braten, das Fett abschütten. Die 4 gewürfelten Schalotten zugeben, kurz anschwitzen, beide Paprikapulverarten zufügen, aber nicht rösten lassen, dann mit den gewürfelten Tomaten ergänzen, die angebratenen Geflügelstücke dazutun und noch einmal 25 Minuten im Backofen schmoren.

Zubereitung:
Jetzt die Sahnesauce durch ein Spitzsieb auf die Geflügelstücke gießen, Pergamentpapier auflegen und im Backofen wieder 10 Minuten ziehen lassen. Den Geschmack korrigieren, Estragon, Cognac und einige Spritzer Weißwein hinzugeben.
Zum Anrichten die Geflügelstücke auf vorgewärmte Teller legen, mit der Sauce nappieren. Mit den Gurken und den roten und grünen Paprikawürfeln garnieren. Sofort servieren.

Beilagen: Gebutterte Bandnudeln, Kleiner Salat
Wein: Burgunder Rotwein

Anmerkung:
Der Gemüsepaprika ist mit dem Gewürzpaprika nur verwandt. Paprikaschoten sind durch ein Überangebot nicht nur preiswert, sondern wohlfeil geworden.
Eckart Witzigmann zeigt seine Souveränität, indem er die frischen Schoten nach Balkanart im heißen Ofen häutet und zu kleinen Würfeln schneidet. Dazu kommen die Salatgurken in Würfeln und werden in der Sauce mitgedünstet. Als Gewürz braucht man den völlig schärfelosen edelsüßen Paprika, der in der ungarischen Küche als Bindemittel benutzt wird wie Mehl; die Schärfe der Sauce kommt vom Rosenpaprika, eine Sorte, die mit Kernen vermahlen wird. Die Kerne und die schmalen Stege sind die Scharfmacher beim Paprika. Eckart hat mir diese Kreation erstmals im »Tantris« serviert, seitdem bestelle ich sie bei ihm immer wieder.

ECKART WITZIGMANN

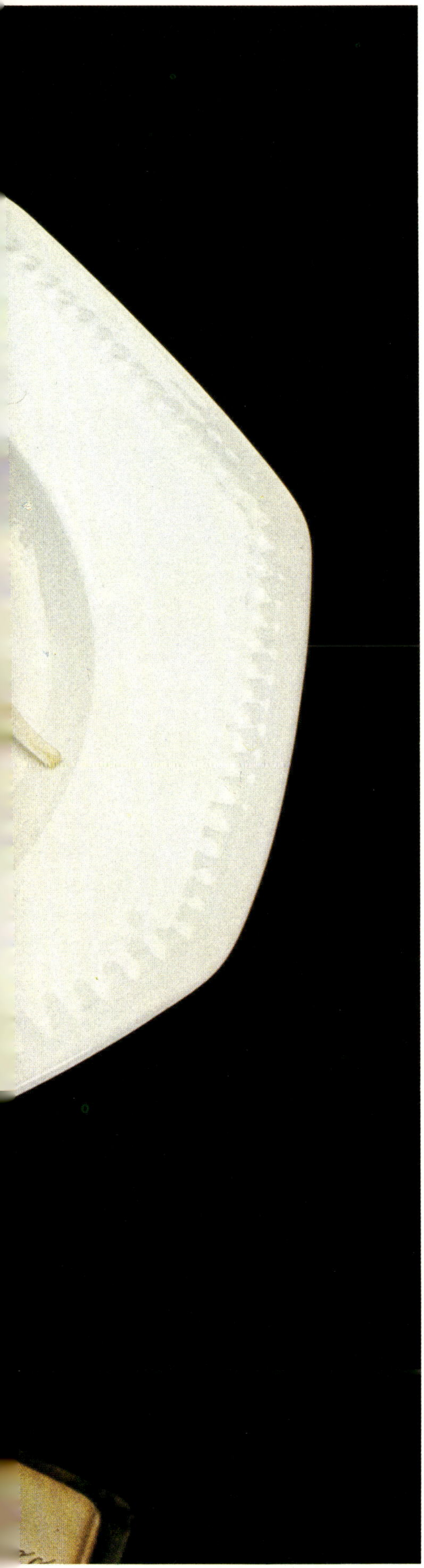

Oben: Aiguillettes von Rehrücken mit Lauchtimbale und Champagnersauce. – Aiguillettes de selle de chevreuil à la timbale de poireaux, sauce au Champagne. Rezept Seite 28

Links: Frikassee von Bressepoularden mit Broccoli, Lachskaviar und Kresseschaum. – Poularde de bresse en fricassée au broccoli, caviar de saumon et mousseline de cresson. Rezept Seite 78

Albert Bouley

Poularde de Bresse auf Trüffelsaft gedämpft

Poularde de bresse à la vapeur de truffes

Dieses Gericht kann auch in einer Couscousière, einem Spezialdampftopf, zubereitet werden. Man muß nicht zusätzlich würzen, da Fleisch und Sauce jeweils die gleiche Menge Trüffeln enthalten. Der Trüffelsaft kann auch durch einen Nage-Dämpffond ersetzt werden. Es ist interessant, daß hier einmal wieder nach guter klassischer Tradition Mehl für diese besondere Sauce verwendet wird.

Zutaten für 4 Portionen:

1,6 kg Poularde
Salz
Pfeffer
1 Zwiebel
1 Möhre
1 Bouquet garni
50 g Butter
50 g Mehl
250 g Zucht-Champignons
50 g Trüffeln
1 Eßlöffel Portwein
1 dl frische Sahne

Vorbereitungen:
Die Poularde entbeinen, die Keulen abtrennen und ebenfalls völlig entbeinen. Dann das Fleisch mit Salz und Pfeffer würzen und beiseite legen. Die Knochen zerschlagen und mit ¾ l Wasser, der gepellten Zwiebel, der geputzten Möhre und dem Bouquet garni eine Stunde kochen, dann den Fond durch ein Chinois gießen.
In einem Kasserol die Butter zerlassen, dann mit dem Mehl eine Roux blonde herstellen, den Fond zugießen und diese Mischung zu einer Velouté verkochen.

Zubereitung:
Die Champignons putzen, waschen und in feine Scheiben schneiden. Auch die Trüffeln vorbereiten und in feine Scheiben schneiden. Die Huhnteile portionsweise mit einigen der Champignonscheiben sowie einigen der Trüffelscheiben jeweils in passend zugeschnittene Alufolienstücke einschlagen, wobei die Ränder fest zusammengedrückt werden. Diese Päckchen auf ein Randblech legen und bei 250° C 20–25 Minuten in den Backofen tun. Dann herausnehmen und 10 Minuten ruhen lassen.
Die restlichen Trüffeln hacken und mit den restlichen Champignonscheiben in die Sauce geben. Noch einmal aufkochen.
Zum Anrichten die Folien öffnen und die Poulardenstücke auf die vorgewärmten Teller verteilen. Den Saft, der sich beim Backen in der Folie gebildet hat, in die Sauce gießen, die Huhnstücke mit den in der Folie mitgebackenen Champignon- und Trüffelscheiben garnieren. Die Sauce mit dem Portwein und der Sahne verfeinern und à part dazugeben.

Beilagen: Wilder Reis und gebutterte Navets
Wein: Rheingauer Riesling-Auslese

PATRICK JUVENETON

Poulardenfrikassee mit Langusten in Riesling

Fricassée de poularde à la langouste au Riesling

Man hat immer wieder versucht, zwischen Geflügel und Krustentieren eine geschmackliche Verbindung herzustellen. Das Warum ist mir nie klargeworden. Und nur mit Hilfe einer entsprechenden Sauce, die beiden widerstrebenden Materialien gerecht wird, konnte man diese selbstgestellte Aufgabe lösen. Wichtig ist natürlich trotz des starken Langustengeschmacks, daß die Poularde schlachtfrisch ist. Und die Languste auch!

Zutaten für 8 Portionen:

2 Poularden zu je 1600 g
¾ l Elsässer Riesling
Salz
Weißer Pfeffer
3 Schalotten
1 kleines Bouquet garni
200 g rohe Champignons
300 g vollreife Tomaten
1 Zweig Estragon
2 Langusten zu je 300 g
100 g Butter
½ l Geflügelfumet
¾ l Sahne

Vorbereitungen:
Die beiden Poularden ausnehmen, sengen, waschen und die Hühner dann in Viertel zerschneiden. Die großen Knochen und Innereien, auch das Geflügelklein können zur Bereitung des Fumets verwendet werden.
In einem hochwandigen Sautoir die halbe Menge des Riesling mit Salz und Pfeffer zum Kochen bringen, dann die Hühnerviertel zugeben. Die Schalotten pellen und in feine Scheiben schneiden, zu den Poulardenstükken tun. Dann das Bouquet garni in die Flüssigkeit eintauchen lassen. Die Champignons putzen und in dicke Scheiben schneiden. Die Tomaten einkreuzen, blanchieren, die Häute abziehen, zerkleinern, ausdrücken und in mundgerechte Würfel teilen. Champignons und Tomaten zusammen in das Gericht mischen, den Estragonzweig obenauf legen. 5 Minuten lang bei starker Hitze lebhaft kochen lassen.
Die Langusten durch Kochen töten (wenn sie noch leben sollten). Dann ausbrechen, die Schwänze heil lassen, die Körper halbieren, das Corail herausnehmen und mit der kalten Butter verrühren.

Zubereitung:
Den restlichen Riesling in das Gericht geben, dazu das Fumet. Die Geflügelviertel nach insgesamt 18 Kochminuten herausstechen.
Die Langustenschwänze in große Medaillons schneiden. Zum Anrichten die Poulardenstücke gleichmäßig auf die vorgewärmten Teller verteilen und mit den Langustenmedaillons garnieren.
Den Fond aus dem Sautoir durch ein Sieb gießen, die Sahne hineinrühren, solange reduzieren, bis eine sämige Konsistenz erreicht ist. Die Sauce soll nappierfähig werden.
Die Sauce an den Herdrand ziehen, dann die Corailbutter einmontieren und die Hühnerstücke und Medaillons damit übergießen.

Beilage: Pilaff-Reis
Wein: Elsässer Riesling

EMILE JUNG

Poulardenbrust mit Jakobsmuscheln und Porree

Suprême de poularde aux coquilles Saint-Jacques et poireaux

Bild Seite 111

Die Hühnerbrust wird roh zum Émincé aufbereitet, dazu kommt der Porree. Die Muschel hat eine begleitende Funktion.

Zutaten für 6 Portionen:

1 Stange Porree (Lauch)
300 g Butter
Salz
Weißer Pfeffer
600 g Hühnerbrust
600 g Jakobsmuscheln ohne Schalen
2 Schalotten
0,4 l herber Weißwein
0,2 l weißer trockener Wermut (Noilly Prat)
10 g schwarze Trüffeln

Vorbereitungen:
Den Porree putzen, waschen, in dicke Stücke schneiden und dann noch einmal auf einem Sieb gründlich waschen und abtropfen lassen. In einem Sautoir mit 50 g der Butter, Salz und weißem Pfeffer kurz angehen lassen. Die Hühnerbrust ohne Haut in dicke Scheiben schneiden. Mit Salz und Pfeffer einreiben.
Die Jakobsmuscheln, aus den Schalen gebrochen, in einem zweiten Sautoir in 50 g Butter kurz angehen lassen. Nur wenig Wasser dazugeben. Kein Gewürz! In einem dritten Sautoir wieder 50 g Butter zergehen lassen und die Hühnerbrustscheiben darin schnell angehen lassen.

Zubereitung:
Die restliche Butter in einer Schale cremig werden lassen. Die Schalotten pellen und in feinste Würfel schneiden, im Wein mit dem Wermut auf etwa ein Viertel reduzieren. Dann die cremige Butter einmontieren, so daß eine sämige Bindung entsteht. Zum Anrichten die Teller vorwärmen, die Geflügeltranchen sternförmig, mit jeweils einem Stück Corail garniert, legen, dazwischen die pochierten Jakobsmuscheln geben, daneben oder außen herum die sautierten Porreestücke anordnen, mit der Beurre blanc nappieren. Auf die Tranchen noch Trüffelscheiben legen.

Beilage: Sautierte Trüffelkartoffeln
Wein: Elsässer Ruländer (Tokay)

EMILE JUNG

Poulardenhüfte mit Trüffeln gefüllt, gerollt

Cuisse de poularde sans pilon farcie aux truffes, roulée

Bei großen Poularden ist die Poulardenhüfte eine kräftige Portion. Was die Trüffeln angeht, so bekommt man die rohen Exemplare immer eingepackt in einer Lehmschicht, die beim Transport ein Austrocknen zu verhindern hat. Trüffeln werden mit einer kleinen Wurzelbürste unter fließendem Wasser abgeschrubbt.

Zutaten für 1 Portion:

1 Poulardenhüfte
Salz
Weißer Pfeffer
1 Teelöffel feingehackte Trüffelschale
1 Eßlöffel trockener Sherry
1 Eßlöffel roter Portwein
1 kleine rohe schwarze Trüffel
50 g Butter

Vorbereitungen:
Die Hüfte von der Innenseite her aufschneiden und die Knochen herausziehen, den eigentlichen Schlegel aber nicht zerschneiden, so daß man den Schnitt später leicht schließen kann.
Jetzt jedoch das Fleisch auseinanderdrücken und innen mit Salz und Pfeffer würzen, dann auch außen salzen und pfeffern. Die Trüffelschale mit dem Sherry und dem Portwein zusammen solange kochen, bis die Flüssigkeit verdampft ist und eine relativ feine, pastenförmige Konsistenz erreicht wurde. Die Paste in den Hohlraum, der durch das Entfernen der Knochen entstanden ist, streichen. Die Trüffel in dicke Stäbe schneiden und die Hüfte damit füllen, dann die Schnittstelle schließen.

Zubereitung:
Die gefüllte Hüfte nun festbinden, damit sie sich beim Braten nicht krümmen kann. In einem Sautoir die Butter zergehen lassen und die Hüfte darin 8–12 Minuten braten, danach 10 Minuten zwischen zwei heißen Tellern ziehen lassen, damit die Hitze langsam eindringen kann.
Die Hüfte auf einem vorgewärmten Teller anrichten.

Beilagen: Porree, Sauce Périgourdine
Wein: Elsässer Gewürztraminer

FRANZ KELLER JR.

Poulardenleber im Cassolette mit jungem Porree

Foies blonds en cassolettes aux poireaux

Man kann sich fragen, ob dieses Gericht unbedingt mit gebratener Poulardenleber zubereitet werden muß oder ob nicht auch andere Pfannensachen möglich wären, wie zum Beispiel ein Lamm-Medaillon, eine Kalbsniere oder eine Fasanenbrust. Die Kombination von gedünstetem Porree (Lauch) und Trüffeln ist in Mode gekommen, ungeachtet der Verschiedenheit dieser Zutaten, dem einfachen Gartengemüse, dem teuersten Pilz. Erst durch die Verarbeitung beider Zutaten entsteht die Geschmacksharmonie.

Zutaten für 4 Portionen:

3 junge Porreestangen (Lauchstangen)
2 Fleischtomaten
1 Knoblauchzehe
50 g schwarze Trüffeln (eventuell nur die Hälfte ganze Trüffeln, die Hälfte Schalen)
1 kleine Zwiebel
14 Poulardenlebern
100 g Gänsefett oder Entenfett (am besten von einer Pastetenterrine abgezogen)
1 sehr kleiner Thymianzweig
1 Gewürznelke
4 cl trockener Weißwein
4 cl trockener weißer französischer Wermut
Salz
Weißer Pfeffer
Etwas geriebene Muskatnuß
50 g geriebener Parmesan
4 Eßlöffel Olivenöl
20 g Butter
2 Eßlöffel Madeira

Vorbereitungen:
Den Porree putzen, das dunklere Grün kürzen, das dann für ein Bouquet garni verwendet werden kann, in Stücke von 4 cm Länge schneiden, sehr gründlich waschen und in kochendem gesalzenem Wasser einmal blanchieren, sofort danach in kaltem Wasser mit Eiswürfeln abschrecken, um die Farbe zu bewahren und den Biß. Dann die Stücke auf einem Küchentuch trocknen.
Die Tomaten blanchieren, die Haut abziehen, dann die Tomaten vierteln, die Kerne mit dem Saft ausdrücken und das Fruchtfleisch in Würfel von etwa 1 cm Kantenlänge schneiden.
Die Knoblauchzehe pellen und mit etwas Salz zerreiben. Die Trüffeln grob zerhacken.
Die Zwiebel pellen und sehr fein würfeln.
Die Poulardenlebern putzen, enthäuten und grob schneiden.
Das Gänsefett in einem Sautoir zerlaufen lassen, darin die Zwiebel langsam glasig werden lassen, die Trüffelstücke zugeben, nach 5 Minuten bei schwacher Hitze die geschnittenen Tomaten zufügen, den Thymianzweig, die Nelke dazutun und alles langsam weiterdünsten. Die Flüssigkeit soll fast vollständig verdunsten.
Dann den Weißwein und auch den Wermut hinzugießen, danach diese Mischung wieder stark reduzieren. Nun die Porreestücke hineingeben und den Topf bei schwacher Hitze in den Backofen stellen, um diese Mischung dort 35 Minuten langsam ziehen zu lassen.

Zubereitung:
Die Porreestücke auf vorgewärmte, tiefe Teller verteilen. Den Sud danach bis zur Dickflüssigkeit einkochen lassen, mit Salz und Pfeffer korrigieren und auch mit wenig geriebener Muskatnuß, dann mit dem Parmesan bestreuen und im Salamander leicht Farbe geben.
Die Geflügelleber in aufschäumender, mit etwas Olivenöl vermischter Butter rosa braten, mit Salz und Pfeffer bestreuen und auf oder neben dem vorbereiteten Porree anrichten. Etwas Madeira obenauf träufeln.

Beilage: Flute-Brot, mit Knoblauchmus eingerieben und nachgebacken
Wein: Duftiger trockener Kaiserstühler Weißwein

ECKART WITZIGMANN

Stubenküken mit Pinienkernen und Blattspinat gefüllt

Poussins farcis aux pignons et d'épinard en branche

Von den Pinienkernen sollte man keine geschmacklichen Wunder erwarten, denn ihr Eigengeschmack ist relativ gering. Der kräftig abgeschmeckte Blattspinat und die Rotweinsauce sowie die raffinierte Beilage bestimmen das Gericht.

Zutaten für 4 Portionen:

4 Stubenküken zu je 300 g Schlachtgewicht
Salz
Weißer Pfeffer
Frische Rosmarinblätter

Für die Füllung:

400 g blanchierter Blattspinat
100 g Butter
Selleriesalz
Geriebene Muskatnuß
Rosmarinpulver
Weißer Pfeffer
60 g Pinienkerne
1 Bündel Dill
1 Bündel Zitronenmelisse
1 Bündel glatte Petersilie
½ Bündel Estragon
0,4 l Rotwein
150 g Demi-sel-Butter

Vorbereitungen:
Die Küken hohl auslösen, so daß die Schenkelknochen darinbleiben. Innen mit einer Mischung aus Salz, weißem Pfeffer und gehackten Rosmarinblättern würzen.
Für die Füllung den Blattspinat in einem Kasserol erwärmen.
Ein Drittel der Butter mit Selleriesalz, Muskatnuß, Rosmarinpulver und weißem Pfeffer verkneten und in den Spinat mischen.
In einem Kasserol die Pinienkerne mit dem zweiten Drittel der Butter leicht goldgelb werden lassen. Die Kükenkarkassen kleinschlagen.
Den Spinat mit den Kernen in die Küken stopfen. Leicht bridieren.
Aus Alufolie eine Bordüre falten.

Zubereitung:
Die Blätter von Dill, Zitronenmelisse, Petersilie und Estragon mischen und feinhacken.
Ein Randblech mit dem letzten Drittel der Butter ausstreichen, die Bordüre aus Alufolie daraufsetzen, die Küken und die geschlagenen Knochen hineingeben, 18 Minuten im Backofen bei 200° C braun braten, öfter wenden und mit der ausfließenden Butter arrosieren.
Dann die Küken herausnehmen und warm stellen. Den Bratensatz mit dem Rotwein deglacieren, durch ein feines Sieb streichen, in einem Kasserol reduzieren, die Kräuter dazugeben und mit den kalten Flocken der Demi-sel-Butter montieren.
Die Küken halbiert oder im ganzen auf vorgewärmten Tellern anrichten und mit der Sauce nappieren.

Beilage: Trüffelrösti
Wein: Südbadener Weißherbst aus Spätburgunder

GÜNTER SCHERRER

Barbarieente mit Rhabarber

Caneton de barbarie à la rhubarbe

Diese für die feine Küche neu entdeckte Entenart stammt eigentlich aus Südamerika. In Frankreich wird sie in besonderen Farmen gezüchtet. Das Fleisch der Barbarieente ist ganz mager, der Fleischanteil viel größer als bei unseren Mastenten, und die Haut sehr dünn. Die Barbarieente entspricht also der Geschmacksrichtung unserer Zeit, in der man nicht mehr – wie früher – Wert auf fette Enten legt.
Die Rhabarber-Sauce gibt diesem Gericht, das der Chef de Cuisine im Restaurant »Schloß Friedrichsruhe« in Öhringen erfunden hat, eine aparte, etwas gewagte Note.

Zutaten für 2 Portionen:

1 Barbarie-Ente
Salz
Weißer Pfeffer
6 mittelstarke Rhabarberstangen
2 Eßlöffel Erdnußöl
50 g Zucker
¼ l guter Burgunder-Rotwein
100 g Butter

Vorbereitungen:
Die Ente ausnehmen, innen und außen waschen, dann trocknen, salzen und pfeffern. Die Flügelspitzen nach innen auf den Rücken drehen, die Beine mit einem Faden so zusammenbinden, daß sie parallel stehen. Die Rhabarberstangen schälen und in Würfel von etwa 1 cm Kantenlänge schneiden.

Zubereitung:
Die Ente in eine Bratpfanne legen und im Backofen bei 200° C 25 Minuten lang braten, die Entenbrüste dabei mit etwas Erdnußöl einpinseln. Die Ente dann 5 Minuten auf dem Küchenbrett ruhen lassen. Die Entenbrüste jeweils am Knochen im ganzen Stück heraustrennen, anschließend auf einem Geschirr warm stellen, ohne daß sie weiter durchziehen. Die Keulen mit dem Entengerippe wieder in die Bratpfanne legen und diese in den – inzwischen abgeschalteten – Backofen schieben, damit das Fleisch noch etwas nachbraten kann.
In einem Kasserol den Zucker karamelisieren, die Rhabarberwürfel daraufgeben und bei schwacher Hitze (am Herdrand) ziehen lassen, so daß eigener Saft entsteht. Die Rhabarberwürfel sollen dabei nicht zerfallen, sondern noch Biß behalten.
Das Entengerippe aus der Bratpfanne nehmen, die Keulen abtrennen, den Mittelknochen aus den Keulen herausschneiden, alle Knochen mit dem größten Küchenmesser zerschlagen, mit dem restlichen Erdnußöl in der Bratpfanne bei stärkerer Hitze scharf angehen lassen, mit dem Rotwein löschen und 10 Minuten kochen. Den Saft dann durch die Etamine gießen und in einem Kasserol einige Minuten reduzieren.
Zwei Drittel des Rhabarbers beiseite stellen. Ein Drittel des Rhabarbers mit dem gesamten Saft im Elektromixer pürieren, erst die Butter dazugeben, dann den Entenfond, bis sich eine cremige Sauce gebildet hat.
Diese Sauce auf den Tellern als Spiegel verteilen, die Entenbrüste und das übrige Entenfleisch in dünne, schräge Scheiben schneiden und fächerförmig auf der Sauce anrichten. An den unteren schmalsten Teil des Fächers die vorhin beiseite gestellten Rhabarberwürfel legen.
Eine neue beachtenswerte Variante des Gerichts wird inzwischen in Friedrichsruhe so serviert: Die Entenbrüste werden zunächst – wie oben angegeben – angerichtet. Dann folgt ein kleines Sorbet.
Als völlig neues Gericht werden sodann die Keulen serviert, und zwar ausgebeint als Ragout in einer Gänselebersauce, angerichtet in einem Bett von warmem Apfelmus.

Beilagen: Ganze runde Karotten, in Butter gedünstet, kurz vor dem Anrichten mit gezupften Basilikumblättern vermischt. Gratin Dauphinois (Rezept Seite 107)
Wein: Verrenberger Verrenberg Spätburgunder Spätlese trocken

LOTHAR EIERMANN

Entenbrust mit Spargel

Suprême de canard aux asperges

Trotz der relativ einfachen und bekannten Rohstoffe ist dieses Gericht eine kulinarisch ungewöhnliche Komposition. Die Raffinesse liegt in der gewürzten Sauce, deren Geschmack mit frischen Morcheln noch gesteigert werden kann. Interessant ist die Anweisung von Wodarz, die ausgelösten Brüste bei so extrem starker Ofenhitze zu braten.

Zutaten für 2 Portionen:

2 ausgelöste Brüste von mageren Enten
200 g grüner Spargel
Salz
1 Eßlöffel Butter
1 Prise Zucker
1/8 l süße Sahne
60 g Butter
1 Messerspitze geriebene Muskatnuß
5 g Kerbelblätter
Saft von 1/2 Zitrone
1 Eßlöffel Madeirawein
50 g frische oder aufgequollene Morcheln (naß gewogen)
Weißer Pfeffer
1 Eßlöffel Erdnußöl

Vorbereitungen:
Die Entenbrüste parieren. Den Spargel schälen und in einem Fond aus gesalzenem Wasser mit der Butter und dem Zucker kurz kochen lassen, so daß die Köpfe knakkig bleiben. Sofort in Eiswasser abschrecken. Die Spargelstangen gleichlang schneiden.
Diese Spargelabschnitte dann im Elektromixer pürieren, das Püree in einem Kasserol mit 1/4 l Spargelwasser aufkochen lassen, durch ein Haarsieb streichen, wieder in einem Kasserol zum Kochen bringen, bei nur geringer Hitze die Sahne und die Butter mit hineinschlagen und mit der Muskatnuß, dem Kerbel, dem Zitronensaft und dem Madeira abschmecken.
Die Morcheln grob zerschneiden und mit ihrem Saft in die Sauce einheben.

Zubereitung:
Den Ofen auf 300° C vorheizen. Die Entenbrüste mit Salz und Pfeffer würzen, auf einer eingeölten Plat russe 5–8 Minuten braten, dann herausnehmen und 5 Minuten lang warm stellen und ruhen lassen. Aus der Sauce einen Spiegel auf die beiden vorgewärmten Teller gießen und die fächerförmig tranchierten Entenbrüste darauf zentral anrichten. Die Spargelköpfe entsprechend dazulegen.

Beilage: Tournierte Dampfkartoffeln
Wein: Trockene Mosel-Auslese

Anmerkung:
Züchter in den entsprechenden Klimazonen versuchen immer wieder, Spargel ganzjährig bei uns anzubieten, jedoch ohne Erfolg. Man kann zwar die Spargelzeit verlängern, indem man südfranzösische oder nordafrikanische Spargel vor Beginn unserer Saison bezieht. Die lange Transportzeit aber bekommt dem Spargel ebensowenig wie das Einfrieren. Außerdem bauen die anderen Länder andere Spargelsorten an, so zum Beispiel den grünköpfigen dünnen Spargel, der in unseren Breiten nicht beliebt ist. In Deutschland hat der Spargel einfach weiß zu sein, allenfalls kann er einen leicht lila Kopf haben.
Bei uns schält man den Spargel und ißt ihn ganz; in Frankreich wird er nicht geschält und dafür mit den Fingern gehalten, zum Mund geführt und, mit dem Spargelkopf beginnend, gegessen. Das bedeutet, daß er in der unteren Hälfte ausgelutscht wird. Touristen macht das in französischen Restaurants stets Schwierigkeiten, und sie genieren sich, den Spargel in die Hand zu nehmen.

HANS PETER WODARZ

Barbarieentenragout mit der Leber und Gemüsen

Ragoût de canard barbarie avec son foie et légumes

Es werden zwei Enten verwendet, von denen die erste – dies ist eine Besonderheit – nicht in Stücke geschnitten, sondern gerissen wird. Dadurch bleiben der Saft des Fleisches und die Faserpartien erhalten.
Die zweite Ente dient der Herstellung der wertvollen Glace, die fast fettfrei sein soll. Auch hier spielt, wie so oft, die Zusammensetzung des Mirepoix eine entscheidende Rolle.

Zutaten für 6 Portionen:

2 Barbarieenten

Für das Ragout:

12 schwarze Pfefferkörner
1 Möhre
½ Porreestange (Lauchstange)
⅛ Sellerieknolle
2 Petersilienwurzeln
Salz

Für die Glace:

150 g Butter
1 Knoblauchzehe
1 Zwiebel
1 Möhre
1 Porreestange (Lauchstange)
1 große Kartoffel
1 Bund Schnittlauch
1 Bund krause Petersilie
1 Bund Kerbel
Weißer Pfeffer
4 Tomaten

Vorbereitungen:
Die erste der Enten in ein Kasserol legen und in einem Gemisch aus ½ l Wasser, den zerdrückten Pfefferkörnern und der geputzten, geschnittenen Möhre, der halben Porreestange, dem Achtel Sellerieknolle und den beiden Petersilienwurzeln in 25 Minuten garziehen lassen. Die Flüssigkeit soll die Ente nach dieser Zeit nur noch schwach bedecken. Salz erst nach 18 Minuten zufügen. Dann die Entenhaut abziehen und das Fleisch von dem Knochengerüst (Karkasse) lösen. Dabei das Fleisch nicht, wie gewohnt, gegen die Faser schneiden, sondern nur in große Streifen zerdrücken und auseinanderreißen.
Den gekochten Entenfond im Kasserol abkühlen lassen, die Fleischstücke hineinlegen, das Kasserol mit einem Deckel verschließen.
Die zweite Ente nach dem Ausnehmen und Waschen roh mit den Knochen in kleine Portionsstücke zerschlagen. Die Haut dabei jedoch abziehen, sie wird nicht gebraucht.

Zubereitung:
Für die Glace in einem Sautoir, das für diese Portionsstücke der zweiten Ente groß genug ist, die Butter zergehen und leicht bräunen lassen. Die Entenstücke darin hellbraun anbraten, dann die Hitze reduzieren. Die Knoblauchzehe und die Zwiebel pellen, beide kleinhacken, die Möhre putzen, in dünne Scheiben schneiden. Die Porreestange spalten, gründlich waschen, in breite Stücke schneiden, die Kartoffel grob würfeln. Zusammen mit dem Entenfleisch in dem Sautoir angehen lassen, den geschnittenen Schnittlauch, die gehackte Petersilie, den gehackten Kerbel, Salz und weißen Pfeffer zugeben. Mit dem Fond der ersten Ente löschen. Die Tomaten blanchieren, enthäuten, zerschneiden, mit dem Saft und den Kernen in das Ragout geben, mit einem Deckel verschlossen bei schwacher Hitze mijotieren lassen. Darauf achten, daß die Entenstücke immer mit der Flüssigkeit knapp bedeckt sind. 3 Stunden lang braisieren. Dann den Fond passieren und bis zur Glace-Konsistenz reduzieren. Das Fleisch der ersten Ente vor dem Anrichten mit den geschnittenen oder tournierten Gemüsen und der Glace der zweiten Ente erwärmen und auf die 6 vorgewärmten Teller verteilen oder in Cassolettes servieren.

Beilagen: Blumenkohlspitzen, tournierte Gemüse, Teltower Rübchen, jeweils nur mit grünen Pfefferkörnern in Wasser gekocht und dann in kaltem Wasser abgeschreckt
Wein: Säuerlicher Badischer Weißwein

FRANZ KELLER JR.

Enten vom Grill in Sherryessigsauce mit Kräuterbutter

Grillade de canard au beurre fines herbes et vinaigre de Xérès

Hierfür muß man schon eine vollgemästete Hausente nehmen, denn eine der feineren Entenarten, die zur Zeit in Mode sind, wäre für diese robuste Zubereitungsart nicht geeignet. Dieses Gericht wird von der Sauce bestimmt, die nur lauwarm serviert werden soll.

Zutaten für 2 Portionen:

1 Ente

Für die Marinade:

½ Tasse Olivenöl
8 Eßlöffel Rotwein
8 Eßlöffel Erdnußöl

Für die Sauce:

8 Eßlöffel Weinessig
4 Schalotten
4 Eßlöffel Sherryessig
100 g Butter
Salz
Weißer Pfeffer

3½ Eßlöffel feingeschnittene Kräuter:

1 Eßlöffel Schnittlauch
1 Eßlöffel Kerbelblätter
1 Eßlöffel Petersilie
½ Eßlöffel Estragonblätter

Vorbereitungen:
In die Entenbrust jeweils, ohne sie auszuschälen, mit der Messerspitze ein schräg gekreuztes Muster einritzen.
Für die Marinade das Olivenöl, den Rotwein, das Erdnußöl miteinander vermischen und in eine ovale Platt russe gießen. Die Ente mit der Brust nach unten hineinlegen und im Kühlschrank 24 Stunden lang ziehen lassen. Alle 2–3 Stunden die Ente umdrehen. Nach 12 Stunden die Marinade durch eine neue ersetzen.
Für die Sauce den Weinessig mit den feingewürfelten Schalotten in einem Kasserol bei schwacher Hitze langsam gar werden lassen, so daß ein Teil verdunstet und aus dieser Mischung eine dunkelgoldene sirupartige Sauce wird. Dann den Sherryessig zugießen und wieder kochen lassen. Nach 3 Minuten die Hitze reduzieren und die Butterstücke montieren, so daß eine sämige Sauce entsteht. Salzen und pfeffern, Schnittlauch, Kerbel, Petersilie und Estragon zugeben und im Bain-Marie warm stellen.

Zubereitung:
Die aus der Marinade genommene Ente trockentupfen und auf dem Grillfeuer mit der Brustseite nach unten 10 Minuten lang braten, wobei das Fett heraustropfen soll. Dann weitere 3 Minuten auf der anderen Seite grillen. Zum Anrichten die Entenbrüste erst jetzt auslösen und der Länge nach oder schräg in dünne Scheiben schneiden und fächerförmig auf den vorgewärmten beiden Tellern anrichten. Mit der Sauce nappieren.

Beilage: Bratkartoffeln aus rohen, in Entenfett gebratenen Kartoffeln
Wein: Beaujolais

MICHEL GUÉRARD

Entenbrust mit ihrer Leber auf Brunnenkressesauce

Suprême de canard et son foie sauce au cresson

Bild Seite 99

Dieses Gericht muß unbedingt à la minute bereitet werden. Die ganze Zubereitungszeit beträgt nur knapp 10 Minuten. Die Leber, die nur Sekunden lang in steigender Butter gebraten wird, kann erst beim bereits fertig angerichteten Teller angelegt werden. Das Gericht wird in erster Linie von der Sauce bestimmt, die ihren Pfiff von der säuerlich-würzigen Kresse bekommt.

Zutaten für 2 Portionen:

4 Entenbrüste
1 Schalotte
2 dl trockener Weißwein
1 Eßlöffel helle Geflügelglace
1/8 l Sahne
50 g Brunnenkresse
Salz
Weißer Pfeffer
Saft von 1 Zitrone
1 Messerspitze Muskatnuß
50 g Butter
Rosa Pfefferkörner

Ferner:

20 g Butter
Lebern von zwei Enten

Vorbereitungen:
Die Entenbrüste parieren, die Haut befestigen, damit sie sich beim Braten nicht zu stark zusammenzieht.
Für die Sauce die Schalotte pellen und fein würfeln, in einem Kasserol mit dem Wein glasig werden lassen und leicht reduzieren. Mit der Geflügelglace und der Sahne auffüllen und wieder zu sämiger Konsistenz reduzieren. Die Brunnenkresse waschen, abtropfen lassen und die dickeren Stiele entfernen beziehungsweise herausschneiden. Dann im Mixer pürieren und das Püree in die Sauce einrühren.

Zubereitung:
Den Backofen auf 300° C vorheizen, die Entenbrüste mit Salz und weißem Pfeffer würzen, in eine Pfanne legen und ohne weitere Zugaben 5–8 Minuten braten, dann beiseite stellen und etwas ruhen lassen.
In dieser Zeit die Sauce mit dem Saft der Zitrone, Salz, weißem Pfeffer und Muskatnuß abschmecken, dann die Butter in Flocken dazugeben, die Sauce in einen Mixer gießen und darin schaumig werden lassen, dann wieder in das Kasserol, in dem mit der Zubereitung der Sauce begonnen wurde, zurückgießen und bei leichtem Erhitzen mit den abgetropften rosa Pfefferkörnern vermischen.
Für die Zubereitung der Lebern, die Butter in einer kleinen Pfanne erwärmen, die Leberstücke flach halbieren und in der steigenden Butter 20 Sekunden braten. Mit Salz bestreuen. Zum Anrichten die beiden vorgewärmten Teller zuerst mit einem grünen Saucenspiegel versehen. Die Entenbrüste nach fünfminütiger Ruhezeit tranchieren und fächerförmig darauf anrichten. Die Leberscheiben danebenlegen.

Beilage: Frisches Tomatenpüree auf einem Sockel von Blattspinat
Wein: Trockener Rheingauer Spätburgunder

HANS PETER WODARZ

Entenbrust mit ihrer Leber auf Brunnenkressesauce. – Suprême de canard et son foie, sauce au cresson. Rezept Seite 97

Hans Peter Wodarz

Entenbrust mit jungen Hopfensprossen

Aiguillettes de canard aux jets de houblon

Die zarten spargelähnlichen Hopfensprossen findet man nur wenige Tage im Jahr auf dem Markt und auch dann nur in kleinen Mengen. Sie sind ein immer rarer werdendes Gemüse, das aber kulinarisch besonders reizvoll und außerdem sehr gesund ist. Bemerkenswert an diesem Gericht ist außerdem die Verwendung von Altbier als Gewürz für die Sauce. Bei den roh ausgelösten Brüsten muß man Zeit und Brathitze genau aufeinander abstimmen, weil das Fleisch ohne schützenden Knochenunterbau leicht austrocknet.

Zutaten für 4 Portionen:

4 ausgelöste Entenbrüste
250 g Hopfensprossen
1 kleine Zwiebel
1 Eßlöffel Butter
1 Schuß Altbier
Salz
Pfeffer
1/10 l Glace de canard
½ Eßlöffel Butter für die Sauce

Vorbereitungen:
Die Entenbrüste an den Rändern sauber parieren, die Haut nicht entfernen.
Die Sprossen waschen, putzen. Die Zwiebel pellen und sehr fein würfeln. Die Sprossen über Wasserdampf 5 Minuten lang garen. In einer Plat russe die Butter zergehen und die Zwiebelwürfel darin glasig werden lassen, die Sprossen zugeben, die noch etwas weiter angehen sollen, ohne daß sie Farbe annehmen. Dann mit Altbier löschen, mit Salz und Pfeffer abschmecken und leicht reduzieren.

Zubereitung:
Die Entenbrüste mit Salz und weißem Pfeffer einreiben, 4 Alufolienstücke – in der Größe auf die Entenbrüste abgestimmt – abschneiden und jede der Brüste einzeln darin einwickeln. Die vier Folienpäckchen auf eine Platte legen. Den Backofen auf 300° C vorheizen, die Enten darin 10–15 Minuten braten und in der verschlossenen Alufolie noch 5 Minuten ruhen lassen.
Dann die Päckchen öffnen und den Saft in ein Kasserol gießen. Dazu die Glace de canard geben, die aus den Knochen gewonnen wurde, miteinander erhitzen, mit der kaltflockigen Butter montieren, dann abschmecken.
Die Hopfensprossen wieder erhitzen, den Saft reduzieren. Die Sauce als Spiegel auf jeden der vorgewärmten Teller gießen und die Entenbrüste fächerförmig als feine Tranchen daraufgeben. Die Hopfensprossen je nach Länge ganz oder halbiert daneben legen.

Beilage: Tournierte Dampfkartoffeln
Wein: Trockene Rheingauer Riesling-Spätlese

Anmerkung:
In diesem Rezept wird ein Schuß Altbier verwendet, was keineswegs ein moderner Gag ist. Vielmehr ist Bier als Würze schon seit Jahrhunderten gebräuchlich. Besonders das braune obergärige Bier wurde früher verwendet, das die Urform der Braukunst darstellt. Sowohl die untergärigen Biere und der Pilstyp sind moderne Errungenschaften. Noch vor 60–80 Jahren fuhren die Bierwagen in den ländlichen Gemeinden durch die Straßen und hielten an den Ecken, um braunes Bier offen zu verkaufen und den Hausfrauen in mitgebrachte Kannen und Flaschen abzufüllen.
Biersuppe mit Eischneebergen oder Makronen oder einfach mit zerbrochenen Zwiebäcken war eines der früheren Standardgerichte aus einfachem braunen süßen Bier. Es hatte so wenig Alkohol, daß auch Kinder es in kleinen Mengen trinken durften. Man gab es ihnen besonders abends, wonach sie sanft einschliefen.

HANS PETER WODARZ

Ragout von Enten mit Krebsen

Ragoût de canard aux écrevisses

Bild Seite 43

Ein Gericht, das zeigt, wie herrlich unbekümmert die französische Heimatküche mit den Rohstoffen umgeht. Da werden Enten nicht nur als Sonntagsbraten auf den Tisch gebracht oder Entenbrüste besonders fein fächerförmig tranchiert, hier wird eine Ente wie Hackfleisch behandelt und zerwirkt zubereitet. Dazu kommen die frischen Flußkrebse, ein halbes Glas Cognac zum Abbrennen und außerdem noch Sahne und Pilze. Es handelt sich also um eine Art »Marengo« mit Ente.
Patrick Juveneton präsentiert hier ein Gericht, das ganz schlicht aussieht, dabei aber diese teuren Zutaten enthält und in der Krebssaison zu den Höhepunkten des gastronomischen Angebotes gehören kann. Die Zubereitung muß genau den Angaben entsprechen.

Zutaten für 2 Portionen:

2 Entenkeulen oder eine entsprechende Portion Entenbrust und Keulen
Salz
Weißer Pfeffer
100 g Butter
½ Südweinglas Cognac
100 g Crème fraîche
100 g Steinpilze, Pfifferlinge oder außerhalb der Saison Zuchtchampignons
1 Eßlöffel Olivenöl
5 Eßlöffel Mirepoix in Juliennes geschnitten
5 Eßlöffel Weißwein
12 Krebse

Vorbereitungen:
Die Entenkeulen entbeinen, die Sehnen herauslösen, das Fleisch in Stücke von 3 cm Dicke schneiden. Das gilt auch für das eventuell verwendete Brustfleisch.
Das Fleisch salzen und pfeffern, in etwas Butter bei schwacher Hitze im Kasserol angehen lassen und nach 10 Minuten mit dem Cognac ablöschen. Etwas reduzieren, so daß die Garzeit zusammen etwa 20 Minuten ausmachen wird.
Man kann dieses Gericht auch in kleinen Kupferkasserols zubereiten, die man während des ersten Garens mit dem Deckel versieht.

Zubereitung:
Die Crème fraîche zufügen und wieder leicht reduzieren, damit die Sauce eine sämige Konsistenz erhält.
Die Fleischstücke ausstechen und warm stellen.
Die Pilze putzen, grob zerschneiden, mit dem Olivenöl in einer Pfanne angehen lassen, dann das Olivenöl abgießen.
Die Juliennes im Weißwein, ¼ l gesalzenem Wasser aufkochen lassen, die Krebse darin in 3 Minuten töten. Sie sollen 10 Minuten ohne weitere Hitze durchziehen. Die Krebse ausbrechen.
Die Sauce als Spiegel auf die vorgewärmten beiden Teller verteilen, dann die Pilzstücke in die Sauce geben, die Fleischstücke daneben legen, obenauf die Krebsscheren und -schwänze anrichten. Sie sollen nicht mit eingeschwenkt werden.

Beilagen: Trüffelreis, Kleiner Salat
Weine: Gewürztraminer vom Elsaß oder Sauternes

PATRICK JUVENETON

Entenbrust in Muscadetsauce

Suprême de canard sauce au Muscadet

Krebse sind sonst eigentlich die kulinarische Ergänzung von Pouletgerichten. Hier stellt Wodarz erstmals eine Kombination zwischen Enten und Krebsen her. Die Krebse müssen bei diesem Gericht noch deutlich erkennbar sein. Die Menge kann vielleicht sogar noch erhöht werden. Die Sauce wird mit Sauerampfer säuerlich gemacht. Diese Beurre blanc wird möglich, weil man die fast fettfreien Barbarieenten verwendet, die in Frankreich gezüchtet werden. Der Muscadetwein darf nicht mit Muskatwein verwechselt werden.

Zutaten für 2 Portionen:

2 Brüste von Barbarieenten, ausgelöst
6 Krebse (Flußkrebse)
Salz

Für die Sauce:

1 Schalotte
½ Weinglas Muscadet
2 Eßlöffel süße Sahne
150 g Butter
Weißer Pfeffer
Cayennepfeffer
1 Teelöffel Zitronensaft
1 Bündel junge Sauerampferblätter
2 Eßlöffel steifgeschlagene Sahne

Vorbereitungen:
Die Entenbrüste an den Rändern sauber parieren, die Haut nicht entfernen.
Die Krebse kalt abbrausen. Einen Topf mit gesalzenem Wasser zum sprudelnden Kochen bringen, die Krebse darin töten und bei kleiner Hitze 7 Minuten lang ziehen lassen. Dann herausnehmen, wie gewohnt ausbrechen.
Die Schalotte pellen und fein würfeln, mit dem Muscadet übergießen, leicht musig einkochen, mit der Sahne auffüllen und die Butter in eiskalten Flocken mit dem Schneebesen in diese Sauce einbringen und schaumig schlagen. Abschmecken mit Salz, weißem Pfeffer, Cayennepfeffer und Zitronensaft.

Zubereitung:
Sauerampfer ohne Blattrippen in feine Streifen à la chiffonade schneiden und in die warme Sauce mit dem Krebsfleisch unterheben und leicht miterwärmen (nicht stark erhitzen!).
Die Entenbrüste salzen, pfeffern, in Alufolienstücke einpacken, im vorgeheizten Ofen bei 300° C 5–8 Minuten braten, 5 Minuten in der Folie ruhen lassen, dann öffnen, den Saft in die Sauce geben, diese erneut vermischen und abschmecken.
Die steifgeschlagene Sahne zuletzt in die Sauce einheben.
Zum Anrichten aus der Sauce jeweils einen Spiegel auf den vorgewärmten Teller gießen und die Entenbrust in dünnen Tranchen darauf fächerförmig anrichten.

Beilagen: Spargelstangen naturbelassen, tournierte Dampfkartoffeln
Weine: Muscadet, Weißwein der Loire

HANS PETER WODARZ

Confit d'oie

Hier wird ein Gericht präsentiert, das aus der bäuerlichen Küche stammt und durch einen Meister der Zunft zubereitet und variiert wurde. Seit einigen Jahren schon tritt Paul Bocuse für die Anerkennung der bäuerlichen Küchentradition ein. Er erkannte rechtzeitig, daß die von ihm anfangs geförderte Richtung der Nouvelle Cuisine in einer Sackgasse enden würde.
Das vielseitig verwendbare Confit d'oie ist geeignet als Vorrat, der sich etwa 1 Jahr im Kühlhaus hält.

Zutaten für eine Terrine:

1 Mastgans, bratfertig ausgenommen, gewaschen, gesengt
250 g Meersalz (ja nicht weniger!)
½ Teelöffel Pökelsalz (Salpeter)
125 g Zucker
½ Lorbeerblatt
2 Zweige Thymian
2 Teelöffel weißer Pfeffer
250 g Schweineschmalz (Griebenfett)
2 Zwiebeln
1 Gewürznelke

Vorbereitungen:
Die Gans der Länge nach, am Steiß beginnend, halbieren. Dies gelingt am besten mit dem Fleischbeil oder einem großen Schlagmesser. Das Fett aus den Innenteilen der Gans und aus ihren Darmschlingen heraustrennen und kleinschneiden.
In einer Sauteuse das Fett bei mäßiger Hitze langsam ausschmelzen lassen. Dann heiß durch ein Sieb gießen, so daß die Grieben zurückbleiben. Sie werden nicht gebraucht.
Die Leber, die herausgetrennt und von der Galle gelöst wurde, kann leicht gebraten auf Toast à part serviert werden. Die Gans jetzt vierteln, und zwar so, daß man 4 gleichgroße Stücke hat, jeweils mit dem entsprechenden Teil der Karkasse.
Meersalz, Pökelsalz, Zucker, Lorbeerblatt, Thymian, weißen Pfeffer in einem Mörser zerstampfen, bis ein feines Gewürzpulver entstanden ist. Die Gänsestücke damit einreiben, sodann in eine glasierte irdene Schale legen und das restliche Gewürzpulver darüberstreuen. Nun mit einem Küchentuch zudecken und 24 Stunden an einem kühlen Ort, nicht aber im Kühlhaus, marinieren.

Zubereitung:
Die Gansviertel aus der Pökellake, die sich gebildet hat, herausnehmen und anhaftendes Salz sowie überschüssige Flüssigkeit abwischen.
Das Gänsefett und das Schweineschmalz (unter Zugabe von weißem Pfeffer, den gepellten und feingeschnittenen Zwiebeln, der Gewürznelke) in zwei verschiedenen Töpfen erwärmen und dann im Verhältnis 1:1 in einem großen Topf mischen. Die Gänsestücke hineinlegen und langsam bei mittlerer Hitze in dem Fett kochen lassen.
Die Trübung des Fettes kommt vom austretenden Fleischsaft, der sich aber auflöst, so daß das Fett nach kurzer Zeit wieder blank ist. Das Fleisch in 2 Stunden bei schwacher Hitze weichkochen.
Die Stücke aus dem Fett stechen, die Karkassenteile leicht abziehen, eventuell auch die Röhrenknochen herausnehmen, die dicken Brustpartien jedoch ganz lassen.
In einen schönen glasierten Steinguttopf oder eine Terrine einige Löffel Schmalz gießen und den Topf dabei drehen, so daß sich eine feine Fettschicht an Boden und Wänden bildet. Dann die Fleischstücke in die Mitte legen und so viel Schmalz darübergeben, daß sie bedeckt sind.
24 Stunden auskühlen lassen. Das restliche Schmalz wieder erwärmen und auf die am Vortag entstandene Schmalzoberfläche gießen. Dies geschieht, damit sich die Risse in der Fettschicht schließen. Dann ein Stück Pergamentpapier darauflegen, so daß keine Luft mehr eintreten kann. Wenn man besonders vorsichtig sein will, kann man jetzt noch einmal mit einer neuerlichen Schmalzschicht abdecken. Den Topf mit einem Deckel verschließen.

Verwendung: zu weißen Bohnen, zu Linseneintopf, zu Kohlgemüsen, zu Bratkartoffeln, als Brotaufstrich

PAUL BOCUSE

Gänsekleinsuppe mit Gänseleber und Kerbel

Soupe à l'oie aux légumes et foie gras d'oie au cerfeuil

Bild Seite 110

Dieses Gericht mit bäuerlich-bodenständigem Einschlag ist während der Gänsesaison im Oktober/November in den Elsässer Haushalten entstanden. Wie stark man den Fond entfetten muß, hängt vom Mastzustand der Gänse ab. Man kann auch den Anteil der fettreichen Haut entsprechend reduzieren, das heißt, die Haut vor der Zubereitung abtrennen. Andererseits ist aber zu bedenken, daß das Fett ein wertvoller Aromaträger ist.

Zutaten für 6 Portionen:

2 Zwiebeln
2 Möhren
1 Porreestange (Lauchstange)
80 g Sellerieknolle
3 Gänsehälse
6 Gänseflügel
3 Gänserücken
4 Gänseköpfe
Salz
Weißer Pfeffer
50 g Butter
30 g Weizengrieß
½ Tasse grob zerpflückte Kerbelblätter
100 g Gänseleber
1 Eßlöffel Erdnußöl
Schwarzer Pfeffer

Vorbereitungen:
Die erste der beiden Zwiebeln schälen und grob würfeln. Die Möhren putzen und in dicke Stücke schneiden. Von der Porreestange die beiden Enden abtrennen, welke braune Blätter abzupfen, dann den Porree ebenfalls in dicke Stücke schneiden. Die Sellerieknolle schälen und grob würfeln. Das Gänseklein unzerschnitten blanchieren und danach in einem Kasserol in 3 l Wasser aufsetzen.
Die Möhren, den Porree und den Sellerie, Salz und weißen Pfeffer zugeben und alles 20 Minuten kochen. Dann den Fond abgießen. Gänsehälse und Gänseflügel mundgerecht würfeln, das andere Fleisch sehr klein schneiden oder durch den Fleischwolf drehen. Den Fond etwas entfetten.

Zubereitung:
Die Butter in einem Kasserol zerlaufen lassen, die gepellte und sehr fein gewürfelte zweite Zwiebel darin goldgelb anrösten, auch den Weizengrieß darin angehen lassen, ohne daß er viel Farbe bekommt, dann mit etwas Fond angießen, alles zusammen in die blanke Suppe geben und aufkochen lassen. Eine Suppenterrine mit den Fleischwürfeln und dem Gemüse füllen, mit der kochendheißen Suppe aufgießen und die Kerbelblätter darüberstreuen. Das Erdnußöl in einer Pfanne erhitzen und darin die Leberstücke kurz anprellen, dann als Garnitur in die Suppe geben. Den schwarzen Pfeffer darüberstreuen.

Beilage: Stangenweißbrot
Wein: Elsässer Ruländer

EMILE JUNG

Meine Lieblingsgans

Oie rôtie à ma façon

Das Besondere dieses Rezepts ist die Füllung, die in ihrer komplizierten Zusammensetzung dem Brustfleisch der Gans Geschmack und Würze gibt, besonders da sie in die (unten beschriebene Tasche) eingefüllt wird. Gerade das dunkle Gänsefleisch eignet sich für eine solche Zubereitung. Dieses Gericht schmeckt auch in kaltem Zustand vorzüglich.

Zutaten für 4 Portionen:

1 junge Gans
100 g Weißbrot ohne Rinde
⅛ l Sahne
50 g durchwachsener Speck
20 g Butter
50 g Champignons
1 säuerlicher Apfel
40 g Schalotten
1 Knoblauchzehe
Salz
2 cl Calvados
150 g Kalbfleisch
1 Bund Petersilie
100 g Gänselebermus
2 Eier
Schwarzer Pfeffer
Abgeriebene Schale von ¼ Zitrone
50 g gepökelte Rinderzunge
20 g getrocknete Steinpilze (eingeweicht in 4 cl trockenen Weißwein)
1 Messerspitze Thymian
½ Messerspitze geriebene Muskatnuß
30 g Butter

Die Gans ausnehmen und bratfertig machen. Die beiden Brüste auslösen, aber die Brusthaut im ganzen lassen, so daß die Brüste noch zusammenhängen und eine Tasche entsteht. Die Ränder glattschneiden.
Das Weißbrot in der Sahne einweichen.
Den Speck fein würfeln und mit der Butter in einer Pfanne glasig werden lassen. Die Champignons putzen, in Blätter schneiden und mit in die Pfanne geben. Den Apfel schälen, ebenfalls in dünne Scheiben schneiden und auch in die Pfanne mischen. Dann die Schalotten schälen und fein würfeln, die Knoblauchzehe pellen und mit etwas Salz zerdrücken, alles zusammen in der Pfanne unter ständigem Umrühren zu einer pastenartigen Masse werden lassen. Diese Masse mit dem Calvados löschen und beiseite stellen, wobei die Füllung abkühlen muß.
Das Kalbfleisch mit der Petersilie durch die feine Scheibe des Fleischwolfes drehen.
Durchgedrehtes Kalbfleisch und Petersilie zu der abgekühlten Masse geben, dann das leicht ausgedrückte Weißbrot, das Gänselebermus, die beiden Eier, Salz, schwarzen Pfeffer, die abgeriebene Zitronenschale, die in Würfel geschnittene Rinderzunge, die eingeweichten Steinpilze (ohne Flüssigkeit), Thymian und Muskatnuß zufügen, dann alles durcharbeiten. Die beiden Gansbrüste mit dieser Masse bestreichen, zu einem Paket zusammendrücken und an den Rändern gut verschließen. Am besten nähen.

Zubereitung:
Den Backofen auf 300° C vorheizen. Das Gansbrustpaket in eine Plat russe legen und, die Butter in Flokken auf der Oberfläche, in den Backofen schieben. Die Bratzeit beträgt 50 Minuten. Während dieser Zeit muß das Bratenstück öfter mit dem austretenden Saft und Fett begossen werden.
Als Tranchen auf vorgewärmten Tellern anrichten, mit Naturjus beträufeln.

Beilage: Kleiner Salat
Wein: Trockener Rheingauer Weißwein

HANS PETER WODARZ

Farcierte junge Pute mit Trüffeln im Würzsud

Dinde farcie truffée en court-bouillon

Ein ungewöhnliches Gericht, denn hier wird die Pute nicht wie üblich gebraten, sondern im Sud pochiert und dieser stark gelatiniert. Bocuse macht in seiner Rezeptanweisung zu wenig Angaben zur Zusammensetzung der sogenannten »Wurstfülle«. Das ist merkwürdig für ihn, da er sonst präzis formuliert und die Fleischfüllung für den Wert des Gerichtes entscheidend ist. Wir haben hier eine ungewöhnliche Mischung zusammengestellt. Das Gericht kann auch kalt aufgeschnitten werden, als eine Art Galantine.

Zutaten für 8 Portionen:

3 kg junge Pute (Truthahn)
400 g Trüffeln
1 Eßlöffel Erdnußöl

Für die Courtbouillon:

1 Kalbshaxe
1 Ochsenschwanz
2 Möhren
1 Mittelstück vom Porree (Lauch)
2 Zwiebeln
4 Gewürznelken
Salz
Weiße Pfefferkörner
Schwarze Pfefferkörner
300 g durchwachsenes Schweinefleisch
100 g Kalbfleisch
Schwarzer gemahlener Pfeffer
Macis
Piment
2 Schalotten

Vorbereitungen:
Die Pute bratfertig machen und die Trüffeln in hauchdünne Scheiben hobeln. Mit einem Messer die Brusthaut 2 cm lang einschneiden, die Haut vom Fleisch abheben und einen Teil der Trüffelscheiben unter die Haut schieben, den Rest einstweilen beiseite legen. Die Pute binden, mit dem Erdnußöl einstreichen und mit Pergamentpapier einwickeln. Dazu noch in einen Sack einpacken oder in mehrere Schichten Zeitungspapier und – wenn man einen Garten hat – dort zwei Tage lang in die Erde eingraben. Oder im Kühlhaus fest und feucht halten.
Für die Court-bouillon einen großen Topf mit 6 l Wasser auf den Herd setzen, die Haxe hineinlegen und das Wasser zum Kochen bringen. Den Ochsenschwanz in Stücke von 3–5 cm Länge schneiden. Die Möhren und den Porree putzen und kleinschneiden. Die Zwiebeln pellen und die Nelken hineinstecken. Das Salz und die Pfefferkörner dazugeben.
Die Pute auswickeln und in dieser Bouillon 2 Stunden kochen, dann herausnehmen. Auch die Gemüse herausholen und aufheben.

Zubereitung:
Das Schweine- und Kalbfleisch zerschneiden, mit Salz, Pfeffer, Macis und Piment vermischen. Die Schalotten pellen und vierteln, zweimal durch die feinste Scheibe des Fleischwolfes drehen und mit der Fleischmasse vermengen. Die restlichen Trüffeln grob wiegen und in den Teig einarbeiten. Nun diese Farce in die halbgare Pute einfüllen und sie wieder 1½ Stunden lang in derselben Bouillon pochieren, in der sie schon einmal kochte. Die Bouillon darf nicht zum Sprudeln kommen. Zum Anrichten die Farce wieder herauslösen. Die Pute tranchieren. Die Farce jeweils in der Mitte des vorgewärmten Tellers anrichten, die Putertranchen und die Portionsstücke an die Seiten legen, die Gemüse bunt dazugeben. Die Bouillon reduzieren und eventuell als Sauce servieren.

Beilage: Kartoffelbrei
Weine: Elsässer Tokay, Ruländer (Pinot Gris)

PAUL BOCUSE

Gratin Dauphinois

Wir zeigen hier nicht die einfache Art des Gratin, sondern eine Form, die Raymond Thuilier zugeschrieben wird. Thuilier, der Altmeister aus Baumanière, ist der großen französischen Küchentradition verhaftet. Das hier beschriebene Basisrezept ist das zur Zeit in der feinen Küche wohl am häufigsten verwendete Kartoffelgericht. Es läßt der Phantasie des Kochs viel Raum.

Zutaten für 4 Portionen:

2 Tassen frische Sahne
½ kg dicke Kartoffeln (halbfest kochende Sorte)
Salz
Weißer Pfeffer
75 g geriebener vollfetter Käse, Typ Emmentaler
Ein Hauch geriebene Muskatnuß
50 g Butter

Zubereitung:
Eine feuerfeste flache Form im Format der Plat russe mit etwas Sahne ausgießen. Die Kartoffeln schälen, waschen, in feinste Scheiben (Blätter) schneiden oder hobeln, wieder waschen, abtropfen und mit einem Tuch abtrocknen. Diese rohen Kartoffelblätter in einer ersten Schicht auf die Sahne legen, mit Salz, Pfeffer und Käse bestreuen. Eine zweite Kartoffelschicht darüber verteilen und wieder Sahne, Gewürze und Käse daraufgeben. Zuletzt mit einem Hauch Muskat und zarten Butterflocken versehen, im Salamander oder im Backofen bei starker Oberhitze 25–35 Minuten backen.

Anmerkung:
Man portioniert die Gratin-Kartoffeln mit einem großen Löffel. Die Kartoffelschichten dürfen nicht höher (dicker) als 2–3 cm sein. Es seien noch zwei der vielen denkbaren Varianten genannt. So Gratin Dauphinois mit Maronenpüree. In die gebutterte feuerfeste Form wird das Maronenpüree mit eingestrichen und kommt auch in die Mittelschicht.
Eine zweite Variante wäre ein Gratin, das zur einen Hälfte mit Kartoffeln und zur anderen mit Apfelscheiben zubereitet wird. Desgleichen kann man halbgar vorgekochte Kartoffeln nehmen.

Als Beilage zu: Perlhuhn, Poularden, Puter, Lammrippchen, Hasenrücken und ähnlichen Gerichten

Kartoffelpfannkuchen mit Trüffelscheiben

Crêpes parmentier aux truffes

Natürlich kann man die kleinen Puffer auch ohne schwarze Trüffeln zubereiten und dann entweder geraspelte weiße Trüffeln verwenden, oder auch Champignons, die man in Scheiben schneidet oder Bündner Fleisch in Streifen, gekochten Schinken, gepökelte Zunge oder gebratene, kleingehackte Kalbsleber.

Zutaten für 2 Portionen:

1 mittelgroße Kartoffel
1 Eigelb
Salz
1 Messerspitze geriebene Muskatnuß
Weißer Pfeffer
50 g geklärte Butter
4 große hauchdünne Scheiben schwarze Trüffeln

Zubereitung:
Die Kartoffel schälen, waschen, mit der Gitterreibe grobflockig reiben, diese Flocken in einer Etamine ausdrücken, so daß wohl etwas Saft herausfließt, die Kartoffelmasse aber nicht zu trocken wird.
Diese Masse in eine Schale geben und mit dem Eigelb, dem Salz, der geriebenen Muskatnuß und dem weißen Pfeffer vermischen.
In einer Pfanne die geklärte Butter zerfließen lassen und aus der Masse dünne Puffer backen.
Solange die Masse noch feucht ist, je eine schwarze Trüffelscheibe in die Mitte hineindrücken (oder aber weiße, geraspelte Trüffeln, oder Champignonscheiben oder Bündner Fleisch oder Schinken oder Zunge oder Kalbsleber).

Der Teller vom Markteinkauf

L'assiette maraîchère

Bild Seite 43

Zutaten für 4 Portionen:

4 Möhren mittlerer Größe
3 weiße Navets (Kohlrübchen)
1 Courgette (Zucchini)
4 mittelgroße Fleischtomaten
2 Kartoffeln
2 Knoblauchzehen
1 Bund Petersilie
2 gehäufte Eßlöffel geriebenes Weißbrot
6 Eßlöffel Olivenöl
100 g Butter
Salz
Weißer Pfeffer

Vorbereitungen:
Alle Gemüse und die Kartoffeln schälen, waschen, trocknen. Die Möhren, Navets und die Courgette in dickere Stäbchen schneiden. Die Möhrenstifte in einem Kasserol mit gesalzenem Wasser 10 Minuten blanchieren. Das Wasser abgießen und die Möhren aufheben.
Frisches gesalzenes Wasser ins Kasserol geben und die Navetstifte 5 Minuten blanchieren. Das Wasser noch einmal abgießen und die Navets aufheben.
Diesen Vorgang auch mit den Courgettestiften wiederholen, diese jedoch nur 1 Minute blanchieren.
Die Tomaten auf einer Seite anschneiden, mit einem Teelöffel das Fruchtfleisch zerstoßen, den überschüssigen Saft herauslaufen lassen.
Die Tomaten – die angeschnittene Seite nach oben – auf eine feuerfeste Platte legen, die gepellten und ausgepreßten Knoblauchzehen, die gehackte Petersilie und das geriebene Weißbrot darüberstreuen, 4 Eßlöffel Olivenöl darüberträufeln und die Tomaten auf dieser Platte jetzt bei einer Hitze von 180° C 5 Minuten in den Backofen schieben, wobei die Tomaten innen weich werden sollen, jedoch nicht zerfallen dürfen.
Die gewaschenen und trockenen Kartoffeln auf einer Gemüsereibe in blattdünne Scheiben hobeln oder mit der Hand schneiden.
Die Kartoffelscheiben mit der geschmolzenen Butter in einer Schale vermischen, Salz und weißen Pfeffer dazugeben und auf einer feuerfesten Platte oder einer Plat russe so anrichten, daß die Oberfläche unregelmäßig bleibt. Also nicht glätten.

Zubereitung:
Auch die Plat russe mit den Kartoffeln bei 180° C in den Backofen schieben und die Kartoffeln 20 Minuten lang backen lassen.
Die Platte herausnehmen und die kuchenähnlich gebackenen Kartoffeln auf eine vorgewärmte Platte schieben.
Die Gemüse, in dem restlichen Olivenöl nochmals kurz erwärmen, dann farblich abgestimmt daneben anrichten und die Tomaten an die Seite legen. Es soll ein hübsches Bild entstehen.

Anmerkung:
Der Markt spielt in der französischen und frankophilen Küche eine große Rolle. Was man vom Markt frisch kaufen kann, gilt anderen Lebensmitteln immer überlegen. Die Verfechter der Tiefkühlprodukte scheinen in der Defensive, doch wehren sie sich mit dem Argument, daß ihre Gemüse und Fische sofort nach der Ernte, nach dem Fang in den tiefen Kälteschlaf geschickt werden. Sozusagen »in der Blüte ihres Lebens«, während die sogenannten »frischen Marktwaren« von einem Lastwagen auf den anderen durch die Lande transportiert werden, bis sie nach Tagen schließlich in der Küche landen. Der Streit um die Gültigkeit der jeweiligen Argumente wird wohl nie enden.
Dieser Gemüseteller soll vom Maraîcher stammen, dem Gemüsehändler. Nehmen wir an, daß dieser gleich ein paar Häuser vom Restaurant entfernt wohnt und täglich zweimal liefern kann. Dann ist die Hälfte der Kochkunst bereits geschafft.
Eigentlich passen alle Pfannensachen und tranchierte Geflügelbrüste, alle Wildgerichte zu diesem Gericht. Vorstellbar ist auch, das Olivenöl, auf das bei Patrick Juveneton so großer Wert gelegt wird, durch Butter zu ersetzen. Wesentlich bei diesem Gericht ist vor allem die optische Wirkung der farblich abgestimmten Gemüse nebeneinander. Für größere Personenzahlen kann man aus dem Teller eine Platte machen, aus den einzelnen Gemüsen Bouquets legen.

PATRICK JUVENETON

Gemüsenudeln

Nouilles de légumes

Diese Nudeln können auf Vorrat hergestellt werden. Kühl gelagert, halten sie sich längere Zeit. Bei Bedarf brauchen sie nur erwärmt zu werden, entweder in gesalzenem Wasser oder aber in der Butterpfanne. Sie schmecken vorzüglich als Beilage zu vielen Wildgerichten.

Zutaten für 4 Portionen:

80 g grüne und weiße Bandnudeln, wie flache Spaghetti
Salz für das Wasser
60 g Zucchini
60 g Möhren
60 g Porree (Lauch) oder englischen Sellerie oder Champignons
100 g Butter
Salz
Weißer Pfeffer
Geriebene Muskatnuß

Zubereitung:
Die Nudeln in gesalzenem Wasser al dente kochen und sofort in Eiswasser legen, damit sie nicht nachziehen. Die Zucchini ungeschält in mittelfeine Streifen schneiden und im selben Wasser, in dem die Nudeln gekocht wurden, knackig blanchieren und abschrecken. Die Möhren auch in mittelfeine Streifen (Porree, Sellerie, Champignons entsprechend) schneiden und wieder im selben Wasser knackig kochen und abschrecken. Getrennt aufheben. Das Wasser bis auf einen kleinen Rest einkochen, ohne daß das Salz zu stark wird. Die Nudeln in flüssiger Butter aufwärmen, die Gemüse zugeben, wobei so viel Wasser mit eingebracht werden soll, daß die Butter mit den Gemüsenudeln eine leichte angenehme Bindung bekommt. Mit Salz, Pfeffer und Muskatnuß würzen.

Morcheln à la Crème im Blätterteighaus

Feuilleté aux morilles à la crème

Nicht nur die Morchelsauce muß à la minute zubereitet werden, sondern auch das Teigstück. Denn nach bereits 2 oder 3 Stunden nimmt das Gebäck soviel Luftfeuchtigkeit auf, daß es beginnt lasch zu werden. Die Häuser sollen aber auch nicht nur optische Zutat sein, sondern müssen mitgegessen werden.

Zutaten für 6 Portionen:

250 g Blätterteig
1 Eigelb (oder etwas Milch)
200 g Spitzmorcheln, gequollen
¼ l Crème fraîche
⅛ l Glace de viande
Salz
Weißer Pfeffer
4 Eßlöffel Portwein

Zubereitung:
Den Teig dünn ausrollen. Die eine Hälfte als rechteckige Platte liegen lassen. Aus der anderen Hälfte drei gleichgroße rechteckige Umrandungen ausschneiden. Das restliche Rechteck als »Deckel« backen. Die Ränder dreifach übereinanderlegen, jeden mit verquirltem Eigelb oder Milch miteinander verbinden und diese dreifache Lage auf den Boden aufsetzen und durch Milch und Festdrücken befestigen. Im Backofen bei 220° C 30 Minuten backen, so daß der Teig blättrig aufgegangen ist.
Die Morcheln von Sand auswaschen, abtropfen, in Wasser 20 Minuten kochen, wieder abtropfen lassen, in einem kleineren Kasserol mit der Crème fraîche, der Glace de viande, Salz, Pfeffer und Portwein bei gelinder Hitze 10 Minuten sautieren, wobei die Flüssigkeit reduziert werden soll. Mit diesen sahnig gebundenen Morcheln das Blätterteighaus füllen. Am Tisch portionieren.

ARMIN SCHERRER

Oben: Gänsekleinsuppe mit Gänseleber und Kerbel. – Soupe à l'oie aux légumes et foie gras d'oie au cerfeuil. Rezept Seite 104

Rechts: Poulardenbrust mit Jakobsmuscheln und Porree. – Suprême de poularde aux coquilles Saint-Jacques et poireaux. Rezept Seite 90

Emile Jung

Morcheln nach Franz Keller

Morilles à la Franz Keller

Diese Beilage eignet sich besonders für kurzgebratene Wildgerichte, Fasanenbrüste, Wachteln, Rebhühner und so weiter. Auch für Fleurons und andere Krustaden sowie zum Füllen von Tournedos und zu Grilladen aller Art paßt diese Beilage gut.

Zutaten für 6 Portionen:

600 g Spitzmorcheln
100 g Butter
1/8 l Crème fraîche
Salz
Weißer Pfeffer
1 Messerspitze geriebene Muskatnuß
2 Zweige Kerbel

Zubereitung:
Die Morcheln putzen, Sand und Baumnadeln heraussuchen oder -waschen, abtropfen. In einem Sautoir die Butter zergehen lassen, die Morcheln unzerschnitten 10 Minuten sautieren, dann mit der Crème fraîche angießen, mit Salz, weißem Pfeffer und Muskatnuß würzen, die von den Zweigen gezupften Kerbelblätter einrühren und etwas reduzieren.

FRANZ KELLER JR.

Püree von Linsen

Purée de lentilles

Dies ist eine gute Beilage zu allen Wildgerichten. Musig zerkocht, mit sichtbar belassenem Mirepoix, kann das Linsenpüree als Sockel verwendet werden. Damit wird eine Idee von Roger Vergé aufgegriffen.

Zutaten für 4 Portionen:

200 g feine Perllinsen
1/2 Möhre
2 kleine Zwiebeln
50 g Butter
1 Teelöffel milder Weinessig
1/2 Teelöffel Glace de viande
1 gehäufter Teelöffel Tomatenmark
1 Thymianzweig
1/8 Lorbeerblatt
2 grobgehackte Petersilienblätter
4 grobgeschnittene Petersilienwurzeln
1/2 Teelöffel Selleriesalz
Salz
Weißer und schwarzer Pfeffer
50 g Dörrfleisch (geräuchert, gesalzen)
1 Messerspitze gemahlener Majoran
1/2 Teelöffel Zucker

Zubereitung:
Die Linsen 12 Stunden in kaltem Wasser quellen lassen. Die Möhre und die Zwiebeln putzen, fein würfeln und kurz im Elektromixer zerkleinern. In einem Kasserol die Butter zerfließen lassen und die Mischung aus dem Mixer darin wenige Minuten angehen lassen, mit dem Weinessig deglacieren, die Glace de viande dazugeben, die Linsen mit wenig Einweichwasser hinzufügen, dann mit dem Tomatenmark, dem Thymian, dem Lorbeerblatt ergänzen und das Linsengemüse in einer Stunde garziehen lassen. Dann den Lorbeer und den Thymian herausnehmen. (Wenn das Linsengemüse weniger kräftig gewürzt sein soll, Lorbeer und Thymian kürzer darin lassen!) Die Petersilienblätter, die Petersilienwurzeln, das Selleriesalz und Salz sowie weißen und schwarzen Pfeffer in das Gemüse geben, aufkochen lassen, im Mixer grob pürieren, dann noch einmal aufkochen lassen. Das Dörrfleisch von der Schwarte trennen und sehr fein würfeln, in die Linsen einmischen und darin heiß werden lassen. Mit Majoran und Zucker abrunden.

Markknödel mit Pfifferlingen

Quenelles à la moelle aux chanterelles

Diese Markknödel sind eine hervorragende Beilage zu Wildgerichten.

Zutaten für 6 Portionen:

150 g Ochsenmark
150 g Weißbrot, in Milch eingeweicht
100 g Pfifferlinge
30 g gekochter Schinken
1 Schalotte
2 Eßlöffel gehackte Petersilie
Salz
Weißer Pfeffer
2 ganze Eier
3 Eidotter
1 Messerspitze feine Muskatnuß
20 g Butter
100 g Croûtons

Zubereitung:
Das Mark lange wässern, kalt in kleine Würfel schneiden. Mit dem weichen Weißbrot mischen. Die Pfifferlinge putzen und waschen, Schinken und Schalotte kleinschneiden und mit der Petersilie, Salz, weißem Pfeffer und Muskat vermischen. Die Eier und die Eigelbe zugeben.
In einer Pfanne die Butter erwärmen und die Croûtons in der aufschäumenden Butter goldgelb rösten. Jetzt alles miteinander glatt vermischen und eine halbe Stunde ruhen lassen. Klöße formen, in gesalzenem Wasser 20 Minuten lang garziehen lassen, etwa 10 Minuten am Herdrand nachziehen lassen.

Mangoldrippen mit Fourme gratiniert

Feuilles de blette gratinées à la fourme

Dies ist eine hervorragende Beilage zu vielen Gerichten der Wild- und auch Geflügelküche. Besonders gut eignet sich dieses Nebengericht als Ergänzung von Perlhuhn-Suprêmes.

Zutaten für 4 Portionen:

1 kg Mangoldstauden
100 g Butter
30 cl Crème double
2 Eigelbe
60 g Fourme-Käse
Salz
Weißer Pfeffer

Zubereitung:
Den Mangold putzen, den Strunk hoch abschneiden und dann die äußeren Blattseiten, die oft hart sind, besonders bei den größeren Außenblättern, abzupfen, so daß die fleischigen Rippen übrigbleiben. Bei den inneren Blättern nichts wegnehmen. Dann das Gemüse in mundgerechte Stücke schneiden, waschen und abtropfen lassen.
In einer feuerfesten ovalen Plat russe die Butter zerlassen, die Mangoldstücke hineinschichten, mit Alufolie oder Deckel verschlossen 15 Minuten lang dünsten.
Die Hälfte der Crème double zugeben und wieder 10 Minuten, aber diesmal ohne Folien- oder Deckelschutz dünsten, wobei ein Teil der Gemüseflüssigkeit verdunsten soll.
Die Eigelbe mit der restlichen Crème double verquirlen, in einem Kasserol leicht erwärmen, den Fourme in kleinen Brocken darin schmelzen lassen, Salz und Pfeffer zugeben und über den Mangold gießen. Im Salamander schnell überkrusten und sofort servieren.

Neuer Spinatsalat

Épinards en salade à la nouvelle

Für diesen Salat muß man eine Spinatsorte mit dicken fleischigen Blättern nehmen, denn feinblätteriger Spinat fällt in der Vinaigrette zu schnell zusammen. Der Speck sollte aus gutem zarten Rauch kommen und wenig gesalzen sein. Die Verwendung von Zitronensaft gemeinsam mit Essig, Speck und Öl ist etwas ungewöhnlich für die traditionelle Küche.

Zutaten für 4 Personen:

400 g Blattspinat
150 g geräucherter fetter Speck
2 hartgekochte Eier
½ Teelöffel weißer Senf
6 cl frisch gepreßter Zitronensaft
Salz
Weißer Pfeffer
14 cl Jungfernöl
4 cl Weinessig, hell

Vorbereitungen:
Den Spinat entrippen, in eiskaltem Wasser schnell abspülen, im Salatkorb ausschwenken.
Den Speck in pfenniggroße, hauchdünne Blätter schneiden.
Nur die Eigelbe der hartgekochten Eier in einer emaillierten oder stählernen Schale zerdrücken. Die Eiweiße werden hier nicht gebraucht.
Den weißen Senf, den Zitronensaft, Salz, weißen Pfeffer zugeben und – am besten mit einem Holzspatel (einer Holzspachtel) – glattrühren. Unter ständigem Schlagen mit dem Schneebesen das Jungfernöl in dünnem Faden in die Sauce rinnen lassen.

Zubereitung:
Die Spinatblätter in die Schale mit der legierten Sauce geben, hin- und herschwenken, damit sich die Sauce an den Blättern festhalten kann. Dann auf 4 kalten Tellern anrichten.
Die Speckblätter in einer mäßig warmen Pfanne nur kurz erhitzen; sie werden sofort goldbraun und kroß. Das Fett, das sich hierbei gebildet hat, abgießen. Die heißen Speckscheiben gleichmäßig über die 4 angerichteten Salatportionen verteilen. Die noch heiße Pfanne mit dem Essig löschen. Den warmen Essig zum Schluß vorsichtig über den servierfertigen Salat träufeln.

Beilage: zu Pfannengerichten

Anmerkung:
Rohe Spinatblätter als Salat zu verwenden, gehört unter die Gepflogenheiten der modernen Küche. Man wählt natürlich nur die jüngsten Spinatblätter, kleine, die möglichst dick sind, fleischig. Sie werden nur sparsam verwendet, meistens mit anderen grünen Blattsalaten zusammen, naturell mit leichter schwach gesäuerter Vinaigrette. Oft auch gemeinsam mit anderen Zutaten, wodurch aus dem klassischen Salat der lauwarme Salat wurde, in dem meistens Gänseleberstücke enthalten sind, und Wachtelbrüste, in Butter kurz gebraten, oder auch Lachs, roh oder gebeizt, Loup-de-mer-Stücke, Kaninchenleber, Briesscheiben und vieles andere. Hier ist nun ein ganz anderer Salat, zwar von moderner Meisterhand komponiert, aber »nur« mit klassischen Zutaten.

JEAN UND PIERRE TROISGROS

Salat von Böhnchen in Nußöl mit gebratener Gänseleber und badischen Trüffeln

Foie gras sauté aux truffes blanches de Forêt Noir, salade d'haricots verts

Franz Keller empfiehlt hierzu die Trüffeln seiner Heimat. Die weißen Trüffeln von Alba in Italien, die im Sommer angeboten werden, tun es im Notfall auch. Die Menge des hier angegebenen Nußöls darf nicht erhöht werden, weil der leicht strenge Geschmack dieser Ölsorte die Harmonie stören könnte.

Zutaten für 1 Portion:

1½ Eßlöffel Nußöl
1 Teelöffel frischgepreßter Zitronensaft
90 g extrazarte Böhnchen
½ Artischockenboden
Salz
Weißer Pfeffer
½ Kopfsalat
80 g Gänsestopfleber
30 g Butter
30 g badische weiße Trüffeln

Vorbereitungen:
Zuerst die Salatsauce bereiten. Dazu in einer Schale das Nußöl mit dem Zitronensaft verrühren. Die Böhnchen putzen, an den Enden kürzen, in gesalzenem Wasser 3 Minuten blanchieren, dann in eiskaltem Wasser abschrecken. Auf einem Sieb ablaufen lassen. Den Artischockenboden in breite Streifen schneiden und darüber sowie die Böhnchen das gesäuerte Öl gießen, dann ziehen lassen. Salz und Pfeffer dazugeben. Den Kopfsalat zerpflücken und die Blätter auf dem Teller ausbreiten. Darauf den Salat anrichten.

Zubereitung:
Aus der Gänseleber zwei flache Scheiben schneiden, die Butter in ein Kasserol geben und die Leberscheiben darin kurz braten, so daß sie zart bleiben. Dann in breite Streifen schneiden. Diese Streifen um den Salathügel legen.
Die Trüffeln mit dem Hobel darüberhobeln. Die Leber muß zum Zeitpunkt des Servierens in jedem Fall noch lauwarm sein.

Wein: Sancerre

FRANZ KELLER JR.

Glasierte ganze Schalotten

Échalotes glacées

Diese Beilage ist besonders als Ergänzung von Pfannensachen geeignet, wie Hasenrücken und Braisés. Das gleiche Gericht kann statt mit Schalotten mit kleinen Zwiebeln, mit ganzen Knoblauchzehen und mit einer entsprechenden Mischung aus Schalotten, Zwiebeln und Knoblauchzehen zubereitet werden. Man kann die drei Zwiebelarten auch in einer Friture ungepellt minutenschnell rösten. Sie werden braun, bleiben innen weich und saftig und schmecken süß. Die Schalen können abgestreift werden.

Zutaten für 4 Portionen:

500 g Schalotten
100 g Butter
⅛ l Wasser
Salz
Weißer Pfeffer
½ Teelöffel Zucker

Zubereitung:
Die Schalotten gründlich abpellen, jedoch das Wurzelstück nicht zu stark kürzen, damit die Blätter ihren Halt nicht verlieren. An dieser Wurzelseite jedoch tief einkreuzen.
Die Butter in einem Kasserol zerlassen, die Schalotten daraufgeben und unter ständigem Wenden hellbraun werden lassen.
Das Wasser angießen, Salz, Pfeffer und Zucker zugeben, Kasserol mit Deckel verschließen und die Schalotten in 20 Minuten garziehen lassen. In dieser Zeit soll der Fond dick einkochen und dunkelbraun wie eine Glace de viande werden.

Elsässer Rieslingsabayon

Sabayon au Riesling

Dieser Sabayon ist mit frischer dicker Sahne aufgezogen und kann mit Zusatz von Demiglace variiert werden. Er paßt sowohl zu gekochtem Fisch als auch zu Geflügel und harmoniert mit pochierten Eiern, Stangenspargeln und Artischocken.

Zutaten für 4 Portionen:

3 Eigelbe
4 Eßlöffel Riesling Clos du Zahnacker
Schwarzer Pfeffer
Salz
4 Eßlöffel Crème fraîche
1 Teelöffel Zucker

Zubereitung:
Die Eigelbe in einem Schlagkessel verrühren, dazu Weißwein, Pfeffer und Salz geben und den Kessel auf ein Wasserbad stellen und weiterschlagen.
Sobald die Eigelbe beginnen anzuziehen, die Crème fraîche langsam einarbeiten, bis der Sabayon glänzend und sämig aufgegangen ist. Dann mit Zucker nach Geschmack korrigieren.

GÜNTER SCHERRER

Zarte Maispfannkuchen

Galettes de maïs

Der Mais spielt in den Küchen vieler Länder eine große Rolle, zum Beispiel in Italien, wo er als Polenta zum Essensalltag gehört oder in Mittelamerika, wo die Tamales, die mit Maiskörnern gefüllten Maisblätter ebenso gern gegessen werden wie die Tortillas, jene dünnen Maismehlküchlein, die man mit verschiedenen scharfen Saucen verspeist. In der französischen, aber auch in der deutschen Küche wird der Mais höchst stiefmütterlich behandelt. Sehr zu Unrecht, denn Maisgrieß kann zu hervorragenden neutral schmeckenden Beilagen verarbeitet werden, die Sautés, Soufflés, gebratene Wildgeflügelarten und Wildbret ergänzen. Hier also sind Maispfannkuchen. Natürlich können diese Pfannkuchen auch mit trocken gekochten Kartoffeln und Gemüsesplittern angereichert werden.

Zutaten für 4 Portionen:

50 g Maisgrieß
200 g Milch
2 cl Crème fraîche
5 g Mehl
1 Ei
Salz
Weißer Pfeffer
60 g geklärte Butter

Zubereitung:
Den Maisgrieß mit der kalten Milch verrühren und 10 Minuten quellen lassen. Dann mit der Crème fraîche in einem Kasserol aufkochen.
Das Mehl, das Ei, Salz und weißen Pfeffer dazugeben. Wieder 10 Minuten stehen lassen.
In einer Pfanne die geklärte Butter goldgelb werden lassen, den Maisgrießteig zu dünnen Pfannkuchen formen und in der Butter hellbraun braten.
Die Maispfannkuchen sollen vor dem Servieren abtropfen.

Trüffelbrot

Pain aux truffes

Hier handelt es sich um ein eigenwilliges Gericht, zu dem sich frische, noch pochierwarme Trüffeln empfehlen. Wir meinen hier die schwarzen Trüffeln mit dem feinen, hellgrauen Geflecht in den Schnittstellen. Das Trüffelbrot ist etwas für den Winter, wenn es auch frische Gänsestopfleber gibt. Die Böhnchen müssen zu dieser Jahreszeit allerdings importiert werden. Trüffelbrot ist ein köstlicher und kostbarer Spaß aus der phantasiereichen Küche von Franz Keller.

Zutaten für 2 Portionen:

50 g gekochte Stücke Schwarzwurzeln
50 g feinste Böhnchen
60 g Scheiben von Gänsestopfleber

Für die Vinaigrette:

1 Teelöffel scharfer Düsseldorfer Senf
1 Eßlöffel trockener Weißwein
1 Eßlöffel Olivenöl
½ Eßlöffel Sonnenblumenöl
1 Teelöffel Sherryessig
Salz
Weißer Pfeffer
1 Eßlöffel gehackte Kerbelblätter
40 g Trüffeln

Vorbereitungen:
Die Schwarzwurzeln in Stücke von 5 cm Länge schneiden und in einem Kasserol al dente kochen. (Besonders dicke Stücke senkrecht vierteln, weil sie sonst die optische Harmonie stören.) Die Bohnen so blanchieren, daß sie knackig bleiben, abschrecken, gleichlang schneiden. Die Gänseleber in gleichmäßige Scheiben von je 1½ cm Dicke teilen, die dabei nicht zerbröseln dürfen.
Für die Vinaigrette den Senf, den Weißwein, das Olivenöl, das Sonnenblumenöl, den Sherryessig mit Salz, Pfeffer und Kerbelblättern in einer Schale zusammenrühren und 30 Minuten ziehen lassen. Nicht zu kalt stellen.

Zubereitung:
Zum Anrichten jeden der beiden Tellerböden mit etwas Vinaigrette ausgießen, darauf nebeneinander in etwa 4 cm Abstand die Schwarzwurzelstücke legen, dann quer dazu die Bohnen darüberschichten und mit etwas Vinaigrette nappieren. Die Bohnenlage mit den Gänseleberscheiben bedecken.
Die Trüffeln in dünne Blätter hobeln und obenauf streuen, so daß zum Schluß die Gänselebern darunter verschwinden. Kerbelblätter auf das Gebilde schneien lassen und die restliche Vinaigrette vorsichtig darüberträufeln. 10 Minuten stehen lassen. Dann erst servieren.

Beilage: Stangenweißbrot

FRANZ KELLER JR.

Warenkunde und Küchenhandwerk

(Glossar)

In diesem Glossar werden Küchen- und Fachausdrücke, die im Text vorkommen, erläutert. Es wurde nicht für Fachleute geschrieben, sondern für Amateure, die ihr Wissen ergänzen möchten. Es finden sich in diesem Glossar auch einige Kurzrezepte von Beilagen.
Die Verdeutschungen sind, soweit nicht anders angegeben, Übersetzungen aus dem Französischen.

Abat · Abgang. Ausschlachtprodukte, auch Innereien. Diese selbst werden abatis genannt.

Abbinden · Frisch hergestellte Farcen, Crèmes, Massen sollten vor einer weiteren Verarbeitung in kühler Umgebung (zum Beispiel im Kühlschrank) ruhen, damit sich die physikalischen Spannungen beruhigen und der Eindruck einer »Bindung« entsteht.

Absteifen · Fleisch wird abgesteift oder steifgemacht, indem man es in wenig Butter von beiden Seiten anbrät, damit sich die Poren schließen.

Aiguillettes · lange hauchdünne Streifen, die von der Geflügelbrust, aber auch von Wild, wie zum Beispiel von Reh, geschnitten werden. Der Ausdruck wird auch für die Flügel von Geflügel oder für kleine Bruststücke verwendet.

Angießen · Gebratenes mit wenig Wasser, Fond oder Wein versetzen, so daß der Bratvorgang beendet wird. In der Fachsprache deglacieren.

Angehen lassen · In einem Topf mit Fett ein Stück Fleisch oder geschnittene Gemüse garen oder auch nur halb garen, und so für eine weitere Verarbeitung vorbereiten.

Anprellen · Ein Fleischstück auch Streifen oder Würfel, je nach Gericht, in sehr heißem Fett kurz von allen Seiten anbraten, damit sich die Poren schließen und der Fleischsaft enthalten bleibt.

Arrosieren · Abgeleitet von arroser (begießen). Zum Beispiel einen Braten im Ofen mit Fond übergießen, damit die Kruste nicht zu fest oder gar hart wird.

Aufgießen · Eine Mischung aus Fett, Gemüsen oder Fleisch, nach dem Anbraten mit Flüssigkeit versetzen, so daß aus einem Braten ein Dünsten oder Schmoren wird. Der Bratensatz kann sich nach dem Aufgießen in der Flüssigkeit lösen, so daß eine Jus entsteht.

Aufgußflüssigkeit · Bei Konserven mitgelieferte Flüssigkeit, in der der eigentliche Rohstoff liegt. Die Flüssigkeit schützt beispielsweise Gemüse, Trüffeln und so weiter vor dem Austrocknen.

Aufschäumen · Wenn die Butter heiß wird und sich ihr Schaum in der Pfanne erhebt, spricht man von »aufschäumen«. Ein bestimmter Hitzegrad, der für die Weiterverarbeitung gewisser Zutaten erforderlich ist, wird so angezeigt.

Aufschlagen · Eine Mischung mit bestimmter Zusammensetzung so lange und so heftig schlagen, bis sie schaumig wird.

Aufstoßen lassen · Flüssigkeit nur einen winzigen Augenblick zum Kochen kommen lassen, so daß sie hochsteigt, jedoch noch nicht sprudelt.

Aufstreichen · Eine cremige Masse, Farce und so weiter auf eine Unterlage aufbringen, das kann etwa eine Scheibe Brot, eine Fischportion oder ein Fleischstück sein. Man streicht zum Beispiel eine Soufflémasse auf eine Geflügelbrust, um sie im Ofen flämmen zu können.

Ausbrechen · Fleisch von Knochen (bei Geflügel) oder Schalen (bei Hummer, Krebsen) trennen. Man »zerbricht« die Form und löst das innere Fleisch heraus.

Ausstechen · Mit der Bratengabel Fleischwürfel nach dem Kochen aus ihrem Sud heraussondern, um dann aus dem Sud eine Sauce zu machen, die später wieder mit den Fleischwürfeln vermischt wird (zum Beispiel bei Geflügel-Blanquette).

Autour · Herum. Zum Beispiel beim Anrichten auf die Teller das Gemüse um das Fleisch herum legen. Gegensatz: À part (einzeln, separat).

Bain-marie · Wasserbad.

Barbarieente · Aus Südamerika stammende Wildente, in Frankreich gezüchtet und in Farmbetrieben gezogen, besonders fleischig. In der modernen Küche sehr beliebt.

Bécasse · Schnepfe. Der rebhuhngroße Waldvogel ist sehr selten geworden. Das trifft auch auf die kleinere Sumpfschnepfe, die Bécassine, zu.

Beurre blanc · Wörtlich: Weiße Butter. Aus geschmolzener Butter, Wein und Schalottenpüree zusammengerührte beliebte Sauce zu Geflügel.

Beuschel · Aus Österreich stammendes Gericht, halb Suppe, halb Frikassee. Es wird aus dem Kalbsschlund, mit Zunge, Herz und so weiter in unterschiedlicher Zusammensetzung und auf unterschiedliche Weise zubereitet. Eckart Witzigmann hat ein Beuschel vom Rehkitz in seinem Repertoire.

Binden · Das Sämigmachen von aromatischen Flüssigkeiten zu Saucen und Suppen durch Aufkochen von wäßrig angerührten Stärkeprodukten, wie Mehl, Speisestärke, Weizenpuder. Auch durch in Butter oder anderem Fett verknetetem Mehl. (Mehlbutter, französisch »beurre manié«.)

Blanchieren · Mit kochendem Wasser überbrühen oder kurz vorgaren. Eine Gartechnik, die bei Gemüse, aber auch bei Fleisch angewendet wird, um Beschaffenheit und Wirkung der Rohstoffe positiv zu verändern. So werden etwa Tomaten oder Hirn blanchiert, um die Häute leichter entfernen zu können; so wird Kraut blanchiert, um ihm die blähende Wirkung zu nehmen.

Blase · Die Schweinsblase (vessie) ist hier gemeint, die zur Umhüllung bestimmter Zutaten verwendet wird, wo es darum geht, die Aromastoffe zu erhalten.

Blindbacken · Einen Teigboden ohne die spätere Auflage aus Fleisch, Früchten oder Gemüsen backen. Erst dann belegen und nicht mehr backen.

Bonne-femme · Alter Ausdruck zur Charakterisierung biederer Gerichte, die schmecken als ob sie die »gute Hausmutter« zubereitet hätte.

Bouquet garni · heißt wörtlich »garnierter Strauß«. Gemeint ist eine Zusammenstellung von würzenden Kräutern und Gemüsestücken; sie wird zur Aromatisierung von Fonds, für bestimmte Zeit mitgekocht.

Braisieren, braisé · Schmoren, geschmort. Bœuf braisé zum Beispiel heißt Schmorbraten. Braisière – Schmortopf, mit Deckel und hohem Rand.

Bridieren · Das Binden von Geflügel und ausgelösten Bratenstücken von Wild, um dem Fleisch eine bestimmte Form zu geben. Etwas ähnliches bedeutet das »Dressieren« (siehe dort).

Broccolimus · Stark blanchierte Broccolirosen, im Mixer püriert, mit Vélouté oder leicht gebundenem Rahm cremig aufgezogen. Seltener mit Kartoffelbrei vermischt. Beilage zu Geflügel, Lamm, Kalb, Nieren, Bries.

Brossée · Trüffelsorten, die nicht geschält (pelée), sondern nur sauber gebürstet (brossée) werden. Sie sind billiger als die geschälten Trüffeln. Man kann sie, wenn man sie aus der Konservendose genommen hat, noch schälen.

Brunnenkresse · Eine an feuchten Plätzen wachsende Würzpflanze, deren dicke dunkelgrüne Blätter verwendet werden. Nicht zu verwechseln mit der völlig anderen Gartenkresse.

Brunoise · »En brunoise« schneiden bedeutet feinwürfelig schneiden. Eine Form, die besonders bei Wurzelgemüse für Suppeneinlagen angewendet wird.

Chiffonade · Salat »à la chiffonade« schneiden bedeutet, ihn streifig, etwa in Spaghettibreite zu schneiden, zum Beispiel als Unterlage für Hummercocktail.

Civet · Dunkelbraunes Wildragout, Wildpfeffer. Mit dem Blut von Wild gebunden und reduziert.

Cayennepfeffer · Schärfstes Gewürz der Küche, gemahlene Pfefferschoten.

Concassée · Kurz für Tomates Concassées, wörtlich »geschnittene Tomaten«. Gemeint ist ein Gericht aus gehäuteten entkernten Tomaten, mit Butter, Salz, Pfeffer gedünstet. Wird häufig als Garnitur verwendet zum Beispiel auf Frikassees, Wildragouts, zu Wildsteaks und anderem.

Confit · Eingemachtes (Konfitüre), in der warmen Küche übertragen auf Tomaten (tomates confits), Schalotten (confit d'échalotes) und so weiter. Reduzierte gedünstete Gemüse aller Art.

Confit d'oie · Eingemachtes Gänsefleisch, Halbfertigprodukt der französischen Küche, mit dem eigenen Fett, ohne Knochen, mit Salz und Pfeffer eingekocht und aus großen Töpfen für Eintopfgerichte benutzt, wie zum Beispiel das Bohnengericht Cassoulet.

Corail · Wörtlich Koralle, das Hummerfett, wird in Farcen und Soufflés mit eingebracht. Auch der rote Rogen der Jakobsmuschel.

Crème double · Sahnezubereitung französischer Molkereien mit doppelt hohem Fettanteil. Normale Sahne hat etwa 30% Fett. Crème double etwa 50–55%. Sie dient zur Verfeinerung von Saucen aller Art. Der höhere Fettanteil bringt auch eine wesentliche Geschmacksverbesserung.

Crème à l'oseille · Sauerampfercreme, Püree aus jungen Sauerampferblättern, im Mixer mit saurer Sahne oder Crème fraîche aufgezogen. Beilage zu pochierten Fischen, gekochtem Rindfleisch und ähnlichem.

Crêpe · Pfannkuchen, besonders dünn und immer gefüllt, zum Beispiel mit Champignons à la crème, Wildragout, Salpikon. Der dickere (deutsche) Pfannkuchen heißt pannequet.

Croûte · Teigkruste. En croûte, in Teigkruste eingebacken, wie bei den bekannten Pasteten. Croûte heißt auch die Käserinde.

Croûton · Kleines, meist würfeliges Stück Weißbrot ohne Rinde, in Fett gebräunt als Suppeneinlage, bestrichen mit Farcen als amuse gueule. In größerer Ausführung auch als Sockel für besonders kostbare kleine Fleischstücke verwendet, zum Beispiel für Schnepfen, Wachtelbrüstchen und ähnliches.

Deglacieren · Angießen. Das Löschen von gebratenen

Fleischstücken beziehungsweise deren heißes Fett (Bratensatz), um daraus einen Fond für Saucen zu erzielen.

Demiglace · Halbfest eingekochter besonders konzentrierter Fond von Wildfleisch, Wildknochen, Geflügel oder Geflügelknochen.

Dente · »Al dente« wörtlich »mit Biß«. Gemeint ist mit dieser inzwischen volkstümlich gewordenen italienischen Formel das Kochen von Teigwaren und Gemüsen, bis sie (noch) bißfest sind, worauf sie in eiskaltem Wasser abgeschreckt werden, um diesen Zustand zu erhalten.

Dressieren · 1. Aufspritzen von Teigen und Massen, zum Beispiel auch Farcen. 2. Gefälliges Herrichten von Geflügel mit Faden, um die gewünschte Form auch nach dem Garen (Braten, Kochen) zu erhalten. Dazu werden die Flügel gegen die Brust gedrückt, um diese deutlich hervortreten zu lassen, die Keulen eng an den Leib gepreßt, um eine schlanke Form zu erzielen. Nach dem Braten oder Kochen werden die Fäden wieder entfernt. Gilt übertragen auch für Galantinen, Pasteten, Rollbraten und so weiter.

Einarbeiten · Ausdruck für das kräftige Einmischen in eine bestehende Masse, zum Beispiel von Eiern in Brandteig.

Eiswasser · In der neuen Küche wichtig, zum Abschrecken gekochter grüner Gemüse, die knackig bleiben sollen, zum Beispiel grüne Böhnchen, Möhren.

Émincé · Kurz gebratenes Gericht in Sauce serviert, wie zum Beispiel Kalbsgeschnetzeltes (émincé de veau).

Etamine · Im Deutschen auch Etamin. Passiertuch, feines Gewebe aus Baumwolle, durch das Suppen und Saucen gepreßt werden, eine Art Sieb.

Farbe geben · Ein Stück helles Fleisch langsam anbraten, so daß es sich an der Unterseite bräunt.

Farce · Sammelbegriff für fein gewiegte oder pürierte Fleischmassen, die beispielsweise zu Pasteten, Füllungen verwendet werden.

Farcieren · Mit Farce etwas füllen, zum Beispiel Wildgeflügel, wie Wachteln.

Fines herbes · Wörtlich »feine Kräuter«, Zusammenstellung von frischen Kräutern, auch Kapern und Sardellenfilets, als Würzmischung für unterschiedliche Anwendungen.

Flämmen · Einem Gericht eine appetitlich aussehende Oberfläche geben, indem man sie mit starker Hitze leicht bräunt.

Fleuron · Halbmondförmig ausgestochener gebackener Blätterteig, als Beilage zu Saucengerichten, besonders Ragouts aus Geflügel.

Flugente · Gezähmte Wildentenart, die fliegt, aber zum Nest und zum Futterplatz zurückkehrt. Vereinigt die positiven Merkmale beider Arten, sowohl der Hausente wie der Wildente.

Flûte · Dünnes Stangenweißbrot, wird gebrochen und zu Saucengerichten gegessen.

Foie blonde · Wörtlich »helle Leber«. Gemeint ist die Leber von verschiedenen Geflügelsorten, die püriert und zu Soufflés verarbeitet werden.

Foie gras · Gänsestopfleber, wörtlich »fette Leber«. Durch Mästen entstanden und vergrößert, hell.

Fond · Gehaltsvolle aromatische Flüssigkeit, die später zu Saucen oder Suppen verarbeitet wird und auch zum Pochieren empfindlicher Gerichte verwendet werden kann. Man unterscheidet nach den Grundsubstanzen nach Fischfond (Fond de poisson), Geflügelfond (Fond de volaille), Kalbsfond (Fond de veau). Aber auch nach der Farbe wird unterschieden, so nach brauner Fond (Fond brun) und heller Fond (Fond blond). Fonds müssen sehr sorgfältig zubereitet werden und sind Basis für hochwertige Gerichte.

Fourme · Weicher frischer Käse aus der Champagne.

Frischling · Junges Wildschwein.

Frisé · Grüner Salat mit gefiederten Blättern.

Fumet · Stark eingedampfte Reduktion von Saucen oder Wildfonds, kalt zu schneiden. Verwendet zum Anreichern und Aromatisieren von Saucen und Farcen. Das Fumet zum Beispiel von Hasen, Fasanen, macht den Geschmack aus. Ein wertvolles Hilfsmittel der Küche.

Galantine · Von pâté galant, galante Pastete, auch Rollpastete genannt. Ausgebeinte Stücke von Geflügel oder Wild werden mit Farcen aus dem eigenen Fleisch so gefüllt, daß die alte Form entsteht. Die Galantine wird dann pochiert und kalt aufgeschnitten.

Galette · Pfannkuchen, kleines Plätzchen als Beilage. Sie kann unterschiedlich zusammengesetzt sein, zum Beispiel aus Maiskörnern, Gemüsepürees oder Eierkuchenteig. Je nach dem zusätzlichen Bestandteil wird die Galette benannt. Zum Beispiel Galette de maïs.

Gartenkresse · Sie wird handelsmäßig auf Fließpapier ausgesät und dann mit der Schere abgeschnitten. Man verwendet sie meistens als Tellergarnitur.

Garziehen · bedeutet Garen bei geringer Hitze (unter 70° C) in Flüssigkeit. Das vom Französischen abgeleitete Wort für diesen Vorgang ist »Pochieren«.

Gelée · »Sa gelée« heißt wörtlich »sein Gelee«. Damit will man bei Rezeptbezeichnungen ausdrücken, daß es sich um ein Gelee handelt, das aus dem genannten Fleischstück selbst hergestellt wurde. Sonst stammt der Geleestoff gewöhnlich aus neutraler Gelatine.

Gelierpunkt · Der Wärmegrad, bei dem ein Gelee zu erstarren beginnt.

Gerinnen · ist das wieder Auseinanderlaufen an sich bereits verbundener Substanzen. Zum Beispiel können Mayonnaise oder die Sauce Hollandaise bei falscher Behandlung zu Eigelb und Butter »gerinnen«. Ein anderes Gerinnen ist das Gerinnen von Milch durch Säure und Hitze.

Geschnetzeltes · nennt man roh in nudelige Stücke geschnittenes Fleisch, das dann in Fett kurz angebraten und mit einer vorgewürzten Sauce vermischt wird. Zum Beispiel das Zürcher Kalbsgeschnetzelte.

Gewürzsträußchen · Eine Würzkomposition, die aus verschiedenen Gewürzen zusammengestellt wurde und die nur eine gewisse Zeit in einem Gericht mitkocht, nennt man Gewürzsträußchen. Die Zusammensetzung des Gewürzsträußchens richtet sich nach dem Rohstoff, der gegart werden soll (siehe Bouquet garni).

Gewürztraminer · ist ein besonders würziger Rebsortenwein für Gelees und Saucen.

Glace de viande · Stark eingekochter Fleischsaft, geliert in kaltem Zustand. Ausgangsprodukt für Saucen, von allen Fleisch-, Wild- und Geflügelarten herzustellen. Zum Beispiel: Glace de gibier (Wildglace), glace de volaille (Geflügelglace).

Glattschneiden · Beim Vorbereiten von Fleischstücken die äußeren Ränder abschneiden, die später stören oder abfallen würden.

Glutamat · ist ein weißes geschmackloses Pulver, das aus Korn hergestellt ist und aus Asien stammt. Dieses Natriumsalz der Glutaminsäure bewirkt auf der Zunge eine Intensivierung der Geschmackserlebnisse.

Gratinieren · von gratiner (durch Oberhitze eine Kruste herstellen). Gratiniert wird entweder im Ofen oder im Salamander durch leichtes Backen und Anbrennen von entsprechenden Oberflächenauflagen, wie geriebenem Käse oder Butter-Krumen-Mischung. Meistens bei Aufläufen angewendetes Verfahren. Dabei muß auf feuerfeste Formen geachtet werden. Spezielle Gratinierpfannen werden plat à gratin genannt.

Griebenfett · ist das von Schweineflomen ausgelassene Schmalz mit den zusammengeschrumpften Grieben. Beliebt als Brotaufstrich. Oft mit Zwiebelringen und Apfelstücken.

Grillade · ist ein Fleischstück auf dem Grill.

Hagebutten · Rosenfrüchte (eglantines) werden zu Püree verarbeitet in Wildsaucen verwendet.

Haricots verts · sind grüne Bohnen, und zwar die feinen jungen Buschbohnen.

Herdrand · »An den Herdrand stellen« ist eine aus der früheren Küche mit Kohleherden übernommene Technik der »halben Hitze« bei hitzeempfindlichen Gerichten (zum Beispiel Saucen mit Eigelb). Im modernen Küchengebrauch bedeutet das soviel wie »schwache Hitze«.

Hirschkalb · Oft benutzter Terminus für den jungen Hirsch, auch wenn es sich nicht immer tatsächlich um ein Kalb handeln muß.

Hüfte · Begriff für Keule, Schenkel. Besonders für Geflügel gebräuchlich. Zum Beispiel: Poulardenhüfte.

Jakobsmuscheln, Pilgermuscheln · Coquilles Saint-Jacques sind die größten Muscheln. Sie werden auf verschiedene Weise zubereitet, meistens in Weinsaucen, aber auch gratiniert. Am besten werden sie frisch verarbeitet, sie sind aber auch tiefgekühlt im Handel.

Juliennes · »En juliennes« schneiden bedeutet, daß Gemüse, meistens Möhren, Porree (Lauch) und Sellerieknollen fadenfein geschnitten werden müssen. Diese Fäden, die als Suppen- oder Sauceneinlagen verwendet werden, sollen etwa 3–5 cm lang sein. Nicht das Ergebnis übrigens heißt Juliennes, sondern die Schneidetechnik.

Jungfernöl · Olivenöl-Qualität erster (zarter) Pressung. Besonders neutral schmeckend.

Jus · Saft. Jus de viande: Bratensaft.

Kalbsfüße · werden zum Kochen von hellem Gelee verwendet. Durch die Hitze löst sich der Knorpel in den Fußgelenken im Wasser auf und kann dann pikant-säuerlich oder süß gewürzt werden. Der Geschmack ist neutral.

Kamin · ist ein zu einer dünnen Rolle zusammengefaltetes und gedrehtes Stück Pergamentpapier, das in vorher ausgestochene Teigdeckel von Pasteten oder Suppen, Ragouts und so weiter eingesteckt wird, um die Wasserdämpfe abzuleiten, die beim Backen der Pasteten im Ofen entstehen und die den

Teigdeckel sonst unregelmäßig und unschön aufblähen würden. Vor dem Servieren werden die Kamine entfernt und die Teigdeckellöcher mit halbflüssigem Gelee oder Schmalz zugegossen.

Karkasse · eingedeutscht aus dem Französischen für Gerippe, meistens von Geflügel, das roh oder gebraten entbeint wurde. Die Karkasse wird dann zum Ansatz von Suppen und Saucen verwendet.

Kasserol · eingedeutscht aus französisch Casserôle, oft auch als Kasserolle (weiblich) geschrieben, der Stieltopf für Saucen- und Suppenansätze, kleine Mengen Fonds, Gemüse und so weiter. Der Stiel erlaubt ein leichteres Handhaben des Topfes als die beiden sonst üblichen Henkel an den Seiten. Das Kasserol wird zum Arbeiten »zwischen Topf und Pfanne« benutzt.

Kleiner Salat · Er besteht meist aus Blättern von grünem Salat, Radicchio, Chicorée, Löwenzahn und ähnlichem und ist mit einer leichten Marinade angemacht. Er wird als Beilage in kleinen Schüsselchen serviert. Gegensatz: Großer Salat, der die verschiedensten auch gekochten Zutaten enthalten kann und nicht mehr nur Beilage ist.

Kleinfleisch · Sammelbegriff für an Knochen hängende Fleischpartien und dünne Teile, wie Bauch, die sich selbst nicht zur Herstellung von Gerichten, etwa Schnitzel, Steaks und so weiter lohnen, deshalb entweder zu Saucen und Suppen verarbeitet werden, oder durch den Wolf gedreht und zu Klärfleisch oder Hackbraten ergänzt werden.

Korrigieren (Würzung) · bedeutet, daß die Rezeptur bereits eine Grundausstattung an Gewürzen enthält, der Geschmack aber zum Schluß noch einmal in seiner Würzung korrigiert werden muß. Dies ist meistens durch Verlust an Salz und Pfeffer durch Sieben und Zusätze von Sahne, Butter und so weiter hervorgerufen und nötig geworden.

Kräuterspätzle · Normaler Spätzleteig mit gehackten Kräutern versetzt, meistens Petersilie; geschabt und blanchiert, dann mit geklärter Butter überglänzt.

Kräuterstrauß · Bündel von ausgewählten frischen Gartenkräutern, das mit einem Faden festgebunden und an diesem Faden in Fonds und Pochierflüssigkeiten eingehängt wird und mitziehen und dadurch aromatisieren soll. Die Zusammensetzung ist von Rezept zu Rezept verschieden, zum Beispiel bei Fischsud oft mit Dill, bei Sud für Kalbsfrikassee ohne Dill, dafür mit Sellerieblättern, Petersilienwurzeln und so weiter (siehe auch »Bouquet garni«).

Krustade · Leeres Blätterteighaus in verschiedenen Größen, zum Füllen mit Ragouts oder Fischfrikassees aller Art.

Küken · Die kleinsten Hühnchen, gerade so groß, daß sie zum Essen geeignet sind. Es handelt sich um einige Wochen alte Tiere, die bereits ihr volles Federkleid haben, nicht aber um Küken im landläufigen Sinn. Der Ausdruck ist ebenso veraltet wie der Name Stubenküken. (Junghühner, die nicht in der freien Natur Futter suchten, sondern noch in geschlossenen Räumen (Ställen) aufgezogen wurden, nannte man früher so, und der Begriff hat sich für die kleinsten Hühnchen bis heute erhalten.)

Lauchzwiebel · Junge Zwiebel, die eine kleine Ausbildung der unterirdischen Zwiebel hat, dafür ein saftiges dickes Blattrohr, das zu Salaten und Sauceneinlagen im Frühling gerne benutzt wird. Auch pochiert oder in Butter sautiert als Gemüsebeilage zu kleinen Fleischgerichten.

Legieren · Das Verfeinern und Sämigmachen einer Suppe oder Sauce mit einer Mischung aus Eigelb und Sahne, wobei die Flüssigkeit nicht kochen darf.

Löwenzahn · Salatgemüse, wildwachsend, wird mit lichtundurchlässigen Glocken überdeckt, so daß die Blätter vergeilen und hellgelblich bleiben. Französisch wird das Gewächs sowohl pissenlit wie dent-de-lion genannt.

Macairekartoffeln · Eine Art überbackener Kartoffelbrei.

Madeiragelee · Aspik, der mit süßem dunklem Madeirawein versetzt wurde. Standardbeilage zu allen Gänseleberge-richten.

Mais · Maiskörner werden in der Geflügel- und Wildküche als neutrale Beilage in Form von kleinen Pfannkuchen (galettes) verarbeitet. Sie werden auch in gemischten Salaten verwendet.

Mangetout · Zuckerschoten, Kaiserschoten, unreife Erbsenschoten, blanchiert und gebuttert als Gemüse.

Marone · 1. Eßkastanie. 2. Waldpilz, der ähnlich wie der Steinpilz zubereitet wird und sich als Beilage von Wildgerichten eignet. Maronenpüree: Beliebte Beilage zu Wildgerichten, gesüßt und neutral im Handel. Die neutrale Form eignet sich für die Wildküche. Maronenpüree wird mit Sahne aufgeschlagen oder mit Butter cremig gerührt, dann mit der Sterntülle auf Bleche dressiert und leicht geflämmt. Es wird in Form von Rosetten dem Wild beigelegt.

Medaillon · Wie ein Medaillon rund geschnittene kleine Fleischscheibe zum Beispiel von Rehrücken, Hasenrücken oder Hirschkalb. In der italienischen Küche piccata genannt, in der deutschen Küche Nüßchen, wenn es hier auch graduelle Unterschiede gibt. Medaillons werden meistens in der Pfanne gebraten. Man rechnet zwei bis drei Stück pro Portion.

Meersalz · wird durch Verdunsten von Meerwasser gewonnen, zum Beispiel in der Camargue. Meersalz hat höhere geschmackliche Werte als das gewöhnliche Salz.

Melangieren · bedeutet das Vermischen von Gemüsen, Fleischsorten und anderem. Man sagt auch »eine Melange herstellen«.

Mie de pain · Weiches frisches Weißbrot, zwischen den Handflächen zerrieben. Es wird als Panade in Farcen oder zum Panieren verwendet.

Minute · »À la minute« zubereiten bedeutet »sofort zubereiten«, zu sofortigem Genuß, ohne Vorbereitungszeit oder Stehenlassen des fertigen Gerichtes.

Mijotieren · Bei schwächster Hitze anbraten lassen (vergleiche als Gegenteil anprellen).

Mirepoix · Gemischtes aromatisches Gemüse, meistens Zwiebel, Sellerie, Möhre, Petersilienwurzel, zum Würzen von Knochenfonds als Basis für Saucen und Suppen.

Mode · »À la mode« bedeutet »nach der Mode« gekocht und angerichtet. Zum Beispiel Bœuf à la mode (Schmorbraten), Cerf à la mode (geschmorte Hirschkeule).

Moelle · Ochsenmark, Knochenmark; kalt aus den Röhrenknochen ausgestoßen, blanchiert, abgeschreckt, in Scheiben oder Würfel geschnitten und auf Wildsaucen und -suppen als Garnitur beliebt. Auch als Geschmacksträger in Wildfarcen.

Montieren · heißt Suppe oder Sauce durch das Hineinschlagen von kalten Butterflocken schaumig anzureichern und dadurch wertvoller zu machen.

Morilles à la crème · Morcheln in Crème. Frische oder aufgequollene Morcheln in Kalbsglace kochen, in Crème fraîche verrühren und leicht reduzieren, so daß die Sahne nappiert. Beilage zu Wildgeflügel, Lamm, Perlhuhn, Poulets, Nieren, Haarwildfilets.

Moules · Muschelformen, in denen feingeschnittene Geflügel- oder Wildragouts angerichtet werden.

Moulin-en-Vent-Sauce · Rotweinsauce nach klassischem Muster, als Wein jedoch der besondere Beaujolais aus der Gemeinde Moulin-en-Vent.

Mousse · Schaumfarce, schaumige Masse der Kalten Küche, meistens aus Geflügel- oder Wildfleisch oder Leber, fein püriert und mit Sahne locker gemacht.

Mühle, Pfeffermühle · Gemeint ist die Handmühle, die in keiner guten Küche fehlt, aus der weißer, schwarzer Pfeffer und Mischungen davon, je nach Gericht, frisch gemahlen zugesetzt werden. Man braucht in einer guten Küche ferner Mühlen für Macis, Muskatnuß und andere Gewürze.

Nantua · Sauce Nantua ist die klassische Sauce mit Krebsbutter, die auch für pochierte Geflügelarten verwendet wird.

Nappieren · Überziehen, bedecken (napper), nämlich mit einer passenden gebundenen Sauce, so daß das darunter befindliche Fleischstück, meistens Geflügel oder Wild, nicht mehr zu sehen ist.

Navarin · Sammelbegriff für dunkle Ragouts, meistens aus Hammelfleisch, oft mit kleinen Gemüsen vermischt.

Navet · Weiße kleine Rübe, in Frankreich viel verwendet; bei uns Pastinake genannt.

Nouvelle · »À la nouvelle« zubereiten bedeutet »auf neue Art« zubereiten. Es wird auch »à la nouvelle« angerichtet. Meistens ist damit eine eigene Art des betreffenden Kochs gemeint.

Nuß, Nüßchen · Eigentlich aus der Nuß, Teil der Keule, geschnittenes Bratenstück. Im übertragenen Sinne aber auch Medaillons von Filets, kleine Portionsstücke aus der Pfanne oder vom Grill, gebraten und mit 2–3 Stück pro Portion serviert. Französisch noix (Nuß) und noisette (Nüßchen).

Nußöl · Gemeint ist das Öl von Walnüssen, das kräftig bis hart schmeckt, was manchen Salaten besonders gut tut.

Orangenzeste · ist ein winziges Stück einer Orangenschale. Nur die äußere gelblichrote Haut wird zwischen den Fingerspitzen so ausgedrückt, daß das ätherische Öl darin in das Gericht spritzt. Wird auch von Zitronen oder Limonen hergestellt.

Officemesser · Handliches mittelgroßes Messer mit spitzer Klinge, das vielseitig gebraucht wird.

Paillard · Hauchdünn geklopftes Fleischstück, dünner als ein Schnitzel, das in der Pfanne mit wenig Fett sekundenschnell auf beiden Seiten gebraten und gewürzt wird. Man serviert Paillards mit Salaten. Paillards werden meistens aus Kalbfleisch, aber auch aus der Hirschkeule geschnitten.

Parieren · Eingedeutscht von dem französischen Wort »parer«. Parieren bedeutet das Zurichten, Säubern, zum Verzehr Fertigmachen von Fleisch, besonders Wild. Das Abhäuten, Abschneiden von anhängendem Kleinfleisch, Entfernen von kleinen Knochen, Sehnen und so weiter.

Part · »À part« anrichten bedeutet »getrennt anrichten«, nicht vermischt. Zum Beispiel Gemüse und Geflügel nebeneinander, Wildbraten und Sauce getrennt.

Parüren · Eingedeutscht von dem französischen Wort »parures«. Parüren sind die kleinen Abschnitte von Fleisch, Knorpeln, Knochen, Sehnen, die beim Parieren anfallen. Sie werden im Fondkessel mitgekocht.

Passieren · Abseihen, das heißt grobe Bestandteile von Flüssigkeiten trennen, zum Beispiel bei Saucen nach dem Kochen mit Gemüsen und Knochen.

Passiertuch · Etamine, feines Baumwollgewebe zum Filtern von Suppen und Saucen. Heute nicht mehr sehr gebräuchlich.

Paupiettes · Röllchen, Schleifchen, aus dünn geklopften Filets, Schnitzeln, mit oder ohne Füllung von Speck, Kräutern, Farce, gerösteten Zwiebeln. Meistens in würziger Sauce geschmort.

Pelée · Bei Trüffeln gebraucht für geschälte ganze Exemplare; auf Dosenetiketten vermerkt; beste Ware.

Pelures · Schalen, besonders bei Trüffeln, denn pelures de truffes werden in Dosen konserviert gehandelt. Sie werden meistens fein gehackt in Farcen eingemischt, wenn ganze Trüffeln oder geschälte Trüffeln zu teuer sind. Der Geschmack der pelures ist nicht ganz so intensiv wie der ganzer oder ungeschälter Trüffeln.

Petersilienwurzel · Die mehrjährigen Petersilienpflanzen entwickeln schlanke, feine Wurzeln, die als Gewürz mitverwendet werden. Zum Beispiel in Suppen, Saucen, Farcen, seltener als eigenständiges Gemüse.

Petits légumes · Kleingeschnittene, zierlich tournierte Gemüsesorten, die à part oder vermischt gekocht und als Beilage zu Wild oder Geflügel serviert werden.

Pieds de cochon · Schweinsfuß, entbeint, gefüllt, pochiert, mit Gemüsen umlegt, oft geschmort und mit Demiglace überzogen, zum Beispiel auf Linsen angerichtet.

Plat russe · Ovale oder runde flache Servierschale vor allem für Ragouts, Gemüse, Eierspeisen, Schnitzel, Steaks, Geflügelbrust, Rouladen, aufgeschnittene Bratenscheiben. Von Auguste Escoffier empfohlen und weiterentwickelt, zu einem der wichtigsten Anrichtegeschirre geworden.

Plattieren · Eingedeutscht aus dem Französischen für das Plattmachen, das Klopfen des Fleisches mit Plattiereisen, Fleischklopfer oder Beil.

Pochieren · bedeutet Garziehen, also das Garen in Flüssigkeit bei geringer Hitze (unter 70° C).

Pochierwasser · Es enthält Salz und etwas Essig.

Poëlieren · bedeutet ein Braten in mit Deckel verschlossenem Topf von Fleisch, Wild oder Geflügel auf einem Bett von Zwiebeln bei schwacher Hitze.

Poivre · Pfeffer. Poivre vert (grüner Pfeffer), Poivre rose (halbreifer rosafarbener Pfeffer). Poivre cayenne (Cayennepfeffer), jedoch handelt es sich dabei nicht um Pfeffer, sondern um eine besonders scharfe Pfefferschotenart.

Porreepüree · Dicke Porreestangen unten und oben stark kürzen, so daß nur der weiße Mittelteil übrigbleibt. Senkrecht spalten, gründlich in kaltem Wasser waschen, blanchieren, im Mixer mit Rahm pürieren, durch ein Haarsieb streichen, abschmecken, etwas reduzieren, damit die nötige Sämigkeit erreicht wird. Beilage wie andere Gemüsepürees.

Pommes parisiennes nature · Zubereitung aus Kartoffeln. Sie werden geschält und gewaschen, mit einem speziellen Ausstecher zu kleinen Kugeln geformt, dann gekocht wie Salzkartoffeln. Der Zusatz »nature« zeigt an, daß es sich um gekochte Kartoffeln handelt, während nach den klassischen Regeln Pommes Parisiennes nach dem Ausstechen in Butter braun gebraten werden.

Prellen, anprellen · Starkes Anbraten bei hohen Hitzegraden mit wenig Fett, um die Poren eines größeren Wildbratens zu schließen, bevor der Fleischsaft austreten kann.

Presse · Gerichte, die »à la presse« zubereitet werden, stellt man mit der Presse her. Zum Beispiel Wildgeflügel, das innen rot (blutig) gebraten wurde, von dem die Brüste ausgelöst wurden und dessen Karkasse mit dem Fleisch in einer speziellen Presse so stark ausgedrückt wird, daß der Fleischsaft austritt. Man fängt ihn in einer Schale auf und verarbeitet ihn zu einer speziellen Sauce weiter. Meistens geschieht dies vor den Augen des Gastes am Tisch, so daß diese Pressen aus Silber und wertvoll gearbeitet werden. Das Pressen gehört zu den Obliegenheiten der Kellner.

Punkt · »Auf den Punkt« zubereiten ist der deutsche Begriff für »au point« (auf den bestimmten und für jedes Gericht anderen genauen Garpunkt braten, kochen, schmoren). In der Umgangssprache heißt das: richtig zubereiten, den richtigen Zeitpunkt nicht verpassen. Bei Wild ist hierbei zum Beispiel das Stadium »saignant« gemeint.

Quenelles · Klößchen aller Art und Größe, bis zu tennisballgroßen Hechtklößchen (quenelles de brochet) und zu den kleinen als Suppeneinlage, wie die Markklößchen (quenelles de moelle).

Reduktion, reduzieren · Eindampfen von Wild- und Geflügelfonds zu einem Konzentrat. Oder Würzsud, mit dem zum Beispiel Sauce hollandaise und Sauce béarnaise aufgeschlagen werden.

Reizker · Wertvoller Pilz, leider sehr selten geworden. Wird wie der Steinpilz verarbeitet.

Rinderfond · Aus Fleisch und gerösteten Knochen durch Kochen gewonnen, nicht klar, mit wenig Fett, ein Rohstoff.

Risottoreis · Nach italienischer Art zusammen mit Zwiebelwürfeln geröstet und mit Rinderfond aufgegossen und gequollen. Basis für weitere Variationen der Wild- und Geflügelküche, beispielsweise durch Zusatz von geschnittenen Champignons oder Trüffeln.

Rösch braten, backen · Volkstümlich für das Herstellen einer knusprigen Oberfläche oder Kruste.

Rosa Pfeffer · Halbreifer Pfeffer, in Salzwasser konserviert, ist in Gläsern im Handel. Zwischenform von grünen zu schwarzen Körnern.

Roux · Einbrenne, weiß, blond, braun, je nach Hitze der Pfanne und Röstdauer.

Rückenspeck · Beim Schwein bevorzugt, weil dieses Fett besonders fest gewachsen ist. Rückenspeck wird zum Spicken von Fleisch verwendet.

Sabayon · Schaumsauce, warm aufgeschlagen mit Fond, Eigelb und Gewürzen, eigentlich eine Sache der Pâtisserie, aber neuerdings auch in die warme Küche übernommen, als Bezeichnung für pikante Schaumsaucen mit Südweinen, wie man sie für Geflügel und Wild gerne benutzt.

Sahne · »Mit Sahne aufziehen« ist der Fachausdruck für das lockere Vermischen von Farcen mit Sahne, um daraus Mousse, Mousseline, Soufflé zu machen. Gilt übertragen auch für Dessertcrèmes.

Saignant · Fleischstücke so kurz braten, daß sie innen noch rot bleiben. Diese Garstufe liegt zwischen bleu (ganz roh) und à l'anglaise (englisch), wobei innen noch ein rosa Kern bleibt.

Salpikon · Besonders aus Wildfleisch hergestelltes feingeschnittenes Ragout, meistens zum Füllen von Teigkrusten, Fleurons oder Artischockenböden verwendet.

Sarladaise · »Pommes à la sarladaise« sind roh in Scheiben geschnittene Kartoffeln, die mit Trüffelscheiben (einem Viertel der Menge) vermischt und wie ein Gratin behandelt werden.

Sauce périgourdine · Die klassische Trüffelsauce mit Rotwein.

Satz · Gemeint ist Bratensatz, der sich durch austretenden Fleischsaft auf dem Topfboden bildet und der mit Flüssigkeit deglaciert (aufgegossen) und gelöst wird.

Saucenspiegel · Auf dem Tellerboden ausgegossener runder Fleck von Sauce, auf dem die Gerichte und Beilagen aufgesetzt werden. Die Alternative heißt »autour«, das bedeutet: um die Beilagen eine Sauce herumgießen (siehe auch dort).

Sauté · Eine Ragout-Art aus würfelig oder streifig geschnittenem Fleisch, das zuerst angebraten und später in einer Sauce serviert wird.

Sauteuse, Sautoir · Topf zum Sautieren; meistens versteht man darunter eine Stielpfanne oder ein Kasserol.

Sautieren · Von dem französischen Wort »sauter« (springen, hüpfen) abgeleitet. Unter Sautieren versteht man das rasche Garmachen dünner Scheiben oder Streifen von Fleisch, Fisch und anderem unter starker Hitze, so, daß das Fleisch bei öfterem Hin- und Herschwenken der Stielpfanne hüpft.

Schalotte · Kleine Zwiebelart, feiner im Geschmack als die Zwiebel.

Schalottenlauch · Die hohlen Blattschläuche junger Schalotten, in Ringe geschnitten zu Salaten benutzt.

Schlagkessel · Großer runder Topf mit rundem Boden, damit man mit dem Schneebesen alle Teile berühren kann. Für die Pâtisserie wichtig, zum Beispiel beim Aufschlagen von Massen.

Schlagmesser · Besonders großes Messer mit dicker stabiler Klinge, das zum Zerschlagen und Abschlagen, auch kleinerer Knochen und Sehnen, dient. Auch zum Spalten von kleinen Tieren (Hasen).

Schnepfendreck · Volkstümlicher Ausdruck für die feingehackten und mit Schalotten und Butter eingekochten Innereien von Schnepfen. Sie werden gepfeffert und auf Croûtons gestrichen als Garnitur an die gebratenen Schnepfen angelegt. Schnepfendreck ist aus der Mode gekommen.

Selleriepüree · Gekochte Würfel von Knollensellerie, mit Zitrone hell gehalten, mit Kartoffelbrei und Sahne im Mixer fein püriert, abgeschmeckt und vielleicht auch noch durch ein Haarsieb gestrichen. Beilage zu Tauben, Wildgeflügel, Kaninchen, Lamm und ähnlichem.

Sherryessig · Aus südspanischem Grundwein (Sherry) gewonnener, besonders herber aromatischer Essig.

Soufflé · ist eine Masse zum Beispiel aus Wildfarce mit Sahne, die in der Hitze aufgehen (soufflieren), das heißt schaumig werden soll.

Spatel (Spachtel) · Holzgerät der Küche, eine Art Löffel, zum Bewegen und Umrühren von Crèmes beim Kochen.

Spickspeck · Besonders fest gewachsener Rückenspeck des Schweines, gesalzen und luftgetrocknet.

Spitzsieb · Vielgebrauchtes Küchengerät. Es besteht aus einem spitz zulaufendem Lochblech, einem Handgriff und einer Aufsatzhalterung für Töpfe. Für die Herstellung von Saucen, Suppen und so weiter unentbehrlich.

Steigen der Butter · Butter enthält außer Fett auch noch Eiweiß, das bei zunehmender Erwärmung schäumt. Die Butter steigt. Dies ist ein Zeichen dafür, daß ein bestimmter Hitzepunkt für besondere Rohstoffe erreicht ist, die eigentlich hitzeempfindlich sind.

Suprême · Das Beste, gemeint ist allgemein die Brust von Geflügel. Zum Beispiel Suprême de faisan.

Tabasco · Besonders scharfe klare Sauce aus dem Konzentrat frischer Chilischoten. Nur tropfenweise zu gebrauchen.

Teigdeckel · Meistens aus einem passend zurechtgeschnittenen Stück Blätterteig auf ein Gericht aufgesetzt und gebakken. Der Teigdeckel wird beim Servieren abgenommen. Er hat den Zweck, die beim Garen entstehenden Dämpfe und Gewürze solange zu halten, bis serviert wird. Der Teigdeckel wird nur selten mitgegessen.

Timbale · Sturzform der kalten Küche, für Pasteten, Farcen, auch Geleearbeiten, Sülzen. Auch in der warmen Küche verwendet, zum Beispiel für Blattspinat. Es handelt sich meist um eine runde Form oder Schüssel mit halbkugeligem Boden.

Tournieren · Eingedeutscht aus dem Französischen von »tourner« (drehen). Es bedeutet zum Beispiel Kartoffeln, Möhren oder Sellerieknollen mit dem Messer eine gefällige runde oder rhombenförmige Gestalt zu geben.

Tranche · Scheibe. Davon abgeleitet »tranchieren«, das heißt Braten, Geflügel und so weiter in Scheiben schneiden.

Tranchelard · Das ist ein langes biegsames Messer mit schmaler Klinge, das besonders zum Tranchieren von Räucherlachs und ähnlichem benutzt wird.

Tranchierfond · Der beim Tranchieren aus einem größeren Bratenstück oder Geflügel austretende Fleischsaft, oft noch rosa, ist wertvoll und wird aufgefangen.

Trüffelbratkartoffeln · Gekochte Kartoffelscheiben in Butter kroß gebraten mit etwa 5% gleichgroßen dünnen Trüffelscheiben vermischt. Beilage zu Pfannensachen aller Art.

Trüffelhobel · Eine Art Rohkosthobel, auf dem die ganzen Trüffeln in feine Blätter gehobelt werden.

Trüffelpuffer, Trüffelrösti · Locken von rohen Kartoffeln, entweder nach der deutschen Art Reibekuchen (Puffer) oder nach Schweizer Art (Rösti), jeweils mit Trüffelscheiben (gehobelt) vermischt und in Butter gebraten. Beilagen zu Wildgeflügel, Wildfilets und ähnlichem.

Trüffelreis · Mischung aus trocken gekochtem und gebuttertem Langkornreis (Art Risotto) mit einem Viertel grobgehackter frischer schwarzer geschälter Trüffeln (truffes pelées). Beilage besonders zu pochierten Seefischen.

Trüffelsaft · Der beim Pasteurisieren der frischen Trüffeln entstehende Kochsaft, besonders aromatisch und begehrt. Er ist oft das beste der Trüffeln.

Truffe, truffé · Trüffel, getrüffelt, das heißt mit Trüffeln versetzt, etwa bei Pasteten.

Vapeur · »À la vapeur« bedeutet »gedämpft«, das heißt mit oder durch Dampf gegart. Dies ist ein Verfahren, das zum Beispiel bei der Zubereitung von Gemüse, Geflügel und Fisch angewendet wird.

Walnußöl · Auch einfach Nußöl genannt, etwas herb, aber für Salate gut.

Weinblätter · Junge Blätter, blanchiert. Sie werden zum Füllen verwendet, zum Bedecken und Einwickeln von Wildgeflügel und Beilagen.

Zeste · Hauchfein abgeschälte Schale von Orange oder Zitrone, zwischen den Fingerspitzen zerdrückt, so daß das ätherische Öl darin in das Gericht spritzt und es aromatisiert.

Ziehen lassen · Ein Gericht im Fond langsam garen, zum Beispiel beim Pochieren, Sautieren, Poëlieren.

Rezeptregister

Kursiv gesetzte Seitenzahlen verweisen auf Abbildungen.